Eduard Sachau

Neue Beiträge zur Kenntniss der zoroastrischen Litteratur

Eduard Sachau

Neue Beiträge zur Kenntniss der zoroastrischen Litteratur

ISBN/EAN: 9783743616738

Hergestellt in Europa, USA, Kanada, Australien, Japan

Cover: Foto ©ninafisch / pixelio.de

Weitere Bücher finden Sie auf **www.hansebooks.com**

NEUE BEITRÄGE

ZUR KENNTNISS DER

ZOROASTRISCHEN LITTERATUR.

VON

ED. SACHAU.

WIEN, 1871.
IN COMMISSION BEI KARL GEROLD'S SOHN

BUCHHÄNDLER DER KAIS. AKADEMIE DER WISSENSCHAFTEN.

Zugleich mit der ersten Kunde von der zoroastrischen Litteratur wurden einige mit dem Wesen derselben auf das engste verbundene Namen, Avastâ, Zand, Pahlavî, Uzvâresch und Pâzand uns überliefert, deren Erklärung sich wie ein rother Faden durch die Geschichte dieser Studien hindurchzieht. Anquetil's Deutungen waren der modernen Tradition entnommen, die wir durch die Angaben persischer Lexicographen, wie durch gelegentliche Notizen, besonders Unterschriften in neueren Parsen-Handschriften zu controliren im Stande sind. Man gelangte bald zu der Einsicht, dass seine Erklärungen nicht genügten, und das Streben, besseres an die Stelle zu setzen, konnte nicht verfehlen seine Früchte zu tragen. Der Verkennung des neupersischen Schreibebrauchs bezüglich der Auslassung des و zwischen zwei Wörtern wie زند اوستا verdankt das landläufige ‚Zendavesta' anstatt ‚Zend und Avesta' seinen Ursprung. In Folge der Dehnbarkeit der neupersischen Genitiv-Verbindung lässt sich das Verhältniss von a zu b in Ausdrücken wie زبان زند sowohl als ein erklärendes, wie als ein besitzanzeigendes auffassen; man wählte das erstere und erhielt so eine ‚Zandsprache', während in diesem Fall das zweite das richtige war, ‚die Sprache des Zand', d. h. die Sprache, in der der Zand geschrieben ist.

Wir wissen jetzt, dass das Wort Avastâ, über dessen Etymologie die Acten noch nicht geschlossen sind, den Text der durch Zarathustra von Ahuramazda geoffenbarten Schriften,

1 *

Zand dagegen (zurückgehend auf ein älteres **zanti** ‚Erkenntniss‘ γνῶσις) die aus dem eranischen Alterthum überlieferte Uebersetzung jenes Textes ¸bezeichnet; beide verhalten sich zu einander, wie Bibeltext und Targum. Die Sprache, in der das Avastâ geschrieben, hat man mit einem gutgewählten Namen ‚Altbaktrisch‘ genannt; ein solcher fehlt uns dagegen für diejenige, in der der Zand abgefasst ist, und die wir einstweilen mit x bezeichnen wollen. Man hat sie bisher mit zwei Namen belegt: Pahlavî und Huzvâresch.

Es ist bekannt, dass alles eranische Schriftthum, das älter ist als das Neupersische und im allgemeinen der Zeit vor der Gründung des Islam zugeschrieben wird, von muhammedanischen wie zoroastrischen Schriftstellern alter und neuer Zeit als in *Pahlavî* abgefasst bezeichnet zu werden pflegt; und untersuchen wir die Nachrichten über die Dialecte des alten Eran, so finden wir einen solchen aufgeführt als die Mundart eines nordpersischen Gebietes *Pahlau*, welches geographisch dem alten Medien einigermassen entsprochen zu haben scheint, vgl. P. de Lagarde, Gött. Gel. Anzeigen, 1870, Sept., S. 1449. Wir dürften keinen Fehlschluss machen, wenn wir aus dem allgemeinen Sprachgebrauche des Wortes *Pahlavî* für ‚Altpersisch‘ folgern, dass die Mundart der Provinz *Pahlau*, sei es als Sprache der Beherrscher des Landes, sei es als Cultus- und Litteratursprache für alle Eranier einmal eine hervorragende Rolle gespielt haben muss. Auf Anquetil’s, d. h. also auf Auctorität der modernen Parsen in Indien hat man die Sprache der Uebersetzung *Pahlavî* genannt, während es sich weder durch positive Zeugnisse, noch durch innere Wahrscheinlichkeit darthun lässt, dass jenes x mit dieser Mundart identisch sei. In dieser Beziehung verweise ich auf Spiegel, Grammatik der Huzvâresch-Sprache, Einleitung, S. 21.

Dagegen hat Spiegel der Sprache der Uebersetzung auf Grund einiger Stellen in späteren Parsenschriften den Namen *Huzvâresch* zu vindiciren gesucht, und hat neuerdings in dem Commentar über das Avesta, II. Bd., Einleitung S. XXXVI ff. seine Ansicht vertheidigt. Ohne mich auf eine Kritik seiner Prämissen, die nicht stichhaltig und in der Form, in der sie gegeben, ungenügend sind, einzulassen, muss ich auf zwei Dinge aufmerksam machen, die nach meiner Ansicht massgebend sind:

eine Form *Huzvâresch* ist überhaupt nicht überliefert, sondern *Uzvâresch* oder *'Uzvâresch*, je nachdem man das Wort für ein eranisches oder semitisches ansieht. Die Form *Huzvâresch* ist der Etymologie (*hu-zaothra*) zu Liebe gemacht. Dass der erste Theil des Wortes ازوارش, ﺭ(ﻰﺳﺪﻛﺮ), *hu* sei, kann ich deshalb nicht annehmen, weil das *h* in *hu* niemals wegfällt, man also eine Form هُزوارش oder هوزوارش erwarten würde; auch bleibt die Variante زوارش bei dieser Annahme unerklärt. Zweitens kann es wohl keinem Zweifel unterliegen, dass die Endung in ازوارش die im Mitteleranischen so häufige Abstractendung ist, die im neupersischen آرایش، دانش etc. vorliegt. Wenn wir nun auch die Existenz eines Wortes *huzavâr*, ‚mit guter Kraft versehen, stark‘, zugeben wollen, so müssen wir es als eine Utopie bezeichnen, dass man ein Abstractum ‚Stark-sein, Stärke‘ als den Eigennamen einer Sprache, eines Dialectes gebraucht habe.

Das einzige zuverlässige, was wir über das Wort ازوارش wissen, ist die bekannte Notiz von Ibn Muḳaffa', s. Haug, Essay on Pahlavî, S. 38. Zu den beiden von ihm gegebenen Beispielen ist noch ein drittes, ebenso unzweideutiges in dem Pahlavî-Pâzand Glossary, S. 17 (vgl. Essay, S. 40) hinzugekommen; auf diese Stelle muss ich hier eingehen, da sie von dem Herausgeber Dastur Hoshangji gegen die Auctorität der Handschriften verunstaltet, in der Uebersetzung nicht verstanden und deshalb von Lagarde (a. a. O. S. 1466) nicht als Zeugniss zugelassen ist. Das Lexicon hat eine Glosse, die nach handschriftlicher Tradition lautet: ‖ﻮﺳﻮﺳ‖ ‖ﻮﻳﭙﺭﺍﻳ‖ ﺭﻰﺳﺪﻛﻣ ﻮ‖ ﺭﺪﺳﺳﻭ *ff* Der Schreiber fügte etwas hinzu und war ehrlich genug, sich selbst als den Urheber dieser Note zu bezeichnen. *ff* ist in *f* zu ändern und die Glosse ist zu übersetzen: ‚Von dem Schreiber: Im Uzvâresch entspricht dem yaktibûntan نبشتن،'[1] wie Ibn Muḳaffa' erzählt, dass im Uzvâresh für laḥmâ نان، für bisrâ كوشت gelesen werde. Auf Grund der Auctorität Ibn Muḳaffa's kann man behaupten, dass ازوارش nicht der Name einer Sprache ist, sondern (wahrscheinlich mit der Bedeutung von ‚Erklärung‘) dasjenige bezeichnet, was statt des geschriebenen

---

[1] Neupersisch: از نویسنده در ازوارش جکتیبیونتن نوشتن

Textes gelesen, dasjenige, worin der überlieferte Text transscribirt wurde. Die Sprache der Uebersetzung (x) ist wesent-
lich verschieden von der des Uzvâresch, die wir einstweilen
mit y bezeichnen wollen. Was die Etymologie von ازوارش
betrifft, so nehme ich meine Combination mit ززارش ‚Erklärung‘,
(Zeitschrift der Deutschen Morgenl. Gesellschaft, XXIV, S. 724)
zurück und halte mit Haug (Essay, S. 43) eine Ableitung aus
der Wurzel var, tegere (uzvar, retegere, uzvâra, retectio,
Enthüllung, Erklärung) für das wahrscheinlichste.

    Was den Inhalt des Wortes Pâzand, das sich zu Zand
verhält, wie *paitizan* zu *zan*, betrifft, so ist zunächst dasjenige,
was Anquetil hierüber vorbringt, sehr verwirrt und unbrauchbar.
Mas'ûdî und Burhân-i-kâṭi' deuten es als eine Erklärung (Commentar) des Zand. Untersucht man aber die überlieferte Litteratur, so findet sich nichts, was auch nur annähernd als ein
Commentar des Zand, also als Supercommentar des Avastâ,
bezeichnet werden könnte; und da uns Avastâ und Zand nebst
vielen andern Werken erhalten sind, so hat die Annahme, dass
gerade dieser Pâzand verloren gegangen sei, wenig Wahrscheinlichkeit für sich. Man könnte geneigt sein, den Namen Pâzand
auf die gesammte Gesetzlitteratur, in der die im Avastâ und
Zand vorhandenen Anfänge eines ceremoniellen, bürgerlichen
und Sittengesetzes bearbeitet werden, zu beziehen; auch hat
man ihn auf die erklärenden Glossen der ‚Uebersetzung‘ beziehen wollen. Aber beide Annahmen entbehren einer rechten
Stütze. Die viel besprochene Stelle der 'Ulamâ-i-Islâm (s. Spiegel,
P. Gr., S. 13), die zuerst von Fleischer (Zeitschrift der D. M. G.
XVII, S. 710) richtig interpretirt ist, sagt über den Inhalt des
Pâzand nichts aus, wohl aber über die Sprache desselben:
‚Pâzand ist diejenige (Rede), von der Jedermann (auch jeder
Laie) weiss, was sie bedeutet;‘ die Sprache aber, die zur Zeit
der Abfassung der 'Ulamâ-i-Islâm von jedem persischen Laien
verstanden wurde, kann keine andere gewesen sein, als diejenige, in der die ‚Uebersetzung‘ gelesen wird, die jeder Neu-
perser, wenn er mit dem Wesen der zoroastrischen Religion
vertraut ist, versteht. Hier an das Neupersische zu denken,
scheint mir deshalb unzulässig, weil in der betreffenden Stelle
speciell von Parsensprachen, von solchen Sprachen, die zu dem
Wesen der zoroastrischen Religion in Beziehung stehen, die

Rede ist. Berücksichtigt man ferner, dass Pâzand wegen der Etymologie als etwas zu Zand in einem bestimmten, nahen Verhältniss stehendes gedacht werden muss, so liegt die Vermuthung nahe, dass unter Pâzand die Lesung, eventuell Transscription des Zand in eranischer, dem Laien verständlicher Sprache gemeint sei, mit andern Worten, dass Uzvâresch und Pâzand, wie sie der Etymologie nach auf dasselbe hinauszukommen scheinen, so auch sachlich dasselbe bezeichnen.

Im Verlaufe der Untersuchung haben sich zwei unbekannte Grössen x und y ergeben, zu deren Deutung wir zurückkehren müssen. Die Sprache des Zand (x) ist diejenige, welche Spiegel in seiner Grammatik der Huzvâresch-Sprache beschrieben, und die man bisher Pahlavî genannt hat. Wenn man nun diese Sprache in der Form, in der sie überliefert ist, als ein organisches Ganzes auffasst, so hat man einen Dialect, der semitisches Sprachmaterial eranisch flectirt, und nach den Principien eranischer Wortbildung und Syntax behandelt. Das semitische Material ist ostaramäisch, neben demselben kommt aber auch eranisches vor, und zwar um so mehr, je jünger die Schriften sind. Dieser eranische Dialect ist verschieden von dem Neupersischen, und kann auch nicht als ein ·älterer Verwandter directer Linie angesehen werden; ob er die Mundart des alten Medien, also Pahlavî war, ist zwar möglich, aber bislang noch nicht erwiesen. Nach der entgegengesetzten Ansicht haben wir in x zweierlei zu unterscheiden: als Grundlage und ursprünglichste Form einen rein aramäischen Dialect, der noch unvermischt in den Hâǵîâbâd-Inschriften erhalten sein soll; zweitens, einen rein eranischen Dialect, der in der Schrift überall da, wo er nicht in ganzen Vocabeln auftritt, nur durch die flexivischen Endsilben der Wörter oder durch einzelne Buchstaben am Ende derselben angedeutet wird. Dies letztere ist die Sprache des Uzvâresch, deren Heimat und Entstehungsperiode noch nicht nachgewiesen ist. Nach der einen, wie der andern Ansicht sind wir genöthigt, unser x in ein semitisches x und ein eranisches x zu zerlegen; nach der ersteren wäre eranisch x verschieden von y (der Sprache des Uzvâresch), während nach der zweiten beide sich decken. Spiegel hat die Sprache des Uzvârash in seiner Grammatik der Pârsî-Sprache beschrieben; da aber Pârsî speciell den Dialect der Provinz Fârs, das Neu-

2

persische bezeichnet, so scheint es mir erforderlich, für unser y einen anderen Namen zu wählen [1].

In der Sprache des Zand sind ausser der Uebersetzung des Avastâ noch andere Litteraturwerke abgefasst, von denen zum Theil auch ein Uzvâresch schriftlich überliefert wird, wie vom Bundehesch und Mînôikhirad. Anderseits kommen aber auch Schriften vor, die sich nur im Uzvâresh, nicht in den in der Sprache des Zand geschriebenen Originalen erhalten haben, wie das Patet Erânî, Âfrîn der sieben Amschasfands, eine Reihe von Gebeten u. s. w.

Ueber den Charakter des Zandischen habe ich mich in meiner Besprechung des Pahlavî-Pâzand Glossary von Haug und Hoshangji in der Zeitschrift der D. M. G. XXIV, S. 713 ff., ausgesprochen und habe dem dort gesagten einstweilen weiter nichts hinzuzufügen. Was im besonderen jene mitteleranische Mundart betrifft, in der die Zandtexte gelesen wurden, und die uns in der Flexion wie in manchen Wörtern, die neben den semitischen vorkommen oder solche vertreten und allmählig verdrängen, vorliegt, so ist sie nach meiner Ansicht identisch mit der der Uebersetzungen zandisch geschriebener Werke einer späteren Periode, z. B. mit der Sprache des Mînôikhirad, aus dem Spiegel in der P. Gr. einige Capitel veröffentlicht hat, mit der Sprache der Uebersetzungen des Bundehesch u. s. w.; beide flectiren gleich, haben dieselbe Syntax und dasselbe Lexicon. Obgleich es an sicheren Daten für die Geschichte der zoroastrischen Literatur fehlt, so kann man doch mit Sicherheit annehmen, dass dieser mitteleranische Dialect sich über eine ganze Reihe von Jahrhunderten erstreckt hat (vielleicht über das ganze erste Jahrtausend unserer Zeitrechnung); seit der Zerstreuung der Zoroastrier und seitdem das Neupersische vorherrscht, ist er nur künstlich unter Parsenpriestern und zwar ohne grosse linguistische Akribie bis in die neueste Zeit überliefert, aber in einer solchen Weise dem Neupersischen angenähert und von demselben beeinflusst, dass die charakteristischen Unterschiede zwischen beiden (abgesehen vom Lexicon) fast ganz verschwinden.

---

[1] Um nur überhaupt einen Namen zu haben, werde ich im folgenden die Sprache der Uebersetzung des Avastâ, des Zand, als Zandisch, die Sprache des Uzvâresch oder Pâzand als Pâzandisch bezeichnen.

Für die linguistische Erkenntniss des Pazandischen ist
das Verhältniss der in ihm abgefassten Litteratur von entschei-
dender Bedeutung. Alle diese Werke sind nicht Originale,
sondern Uebersetzungen zandischer Texte. Hieran schliesst
sich die Frage: Hatten die Verfasser dieser Versionen eine genaue Kenntniss von der Schrift und Sprache ihrer Vorlagen?
— und beides dürfte jeder, der sie kritisch untersucht hat,
bestimmt verneinen. Die Aufgabe dieser Männer war eine
doppelte: erstens, die semitischen Wörter durch die entspre-
chenden eranischen zu ersetzen. Wenn aber die Tradition
das betreffende Aequivalent nicht mehr bewahrt hatte, so
versuchte man entweder etymologisirend zu übersetzen oder
die Zeichen einfach zu umschreiben. Da nun aber die Parsen-
priester die Schrift, in der zandische Texte überliefert sind,
ebenso wenig lesen konnten und können, wie wir, so hat dieser
Theil ihrer Versionen nur einen sehr relativen Werth für den
Philologen, während er für den Linguisten gänzlich unbrauchbar ist. Der zweite Theil ihrer Aufgabe bestand darin, die
eranischen Wörter der zandischen Texte aus jener unlesbaren
Schrift in eine lesbare (entweder in die Schrift der altbaktri-
schen Texte oder in die arabische) zu transscribiren. Eine
genaue Transscription wäre für uns von unschätzbarem Werth,
aber eine solche vermochten die Verfasser der Versionen nicht
zu geben; einestheils war ihre Kenntniss des zu umschreiben-
den Alphabetes bereits so mangelhaft, dass sie den Lautwerth
einiger Zeichen gar nicht mehr gekannt zu haben scheinen;
andererseits wurden die Wörter in der Transscription in der
Regel ihrer alterthümlichen Form entkleidet und dem Neupersischen angepasst, was um so leichter möglich war, als sich
beide Dialecte sehr nahe stehen. In diesen Transscriptionen
herrscht durchaus kein einheitliches Verfahren; sie sind verschieden, je nachdem sie in Eran oder in Indien, in älterer
oder neuerer Zeit gemacht sind, und ihre charakteristischen
Unterschiede bestehen durchweg in gewissen Fehlern. Es kommt
noch hinzu, dass die Handschriften dieser Versionen im allgemeinen von den Schreibern mit einer grossen Willkühr behandelt sind. Wenn z. B. Spiegel (P. Gr., S. 113) es als ein
durchgreifendes Gesetz des Parsi ansieht, ,dass dasselbe, dem
Zend näher, *va* setzt, wo im Neupersischen *gu* gefordert wird,'

aufmerksam zu machen. Wenn es oft schwierig, ja unmöglich ist, einen neupersischen Text, der uns in einer Handschrift vorliegt, mit Sicherheit zu erklären, so stellt sich das Verhältniss bei einem Texte dieser Art noch viel ungünstiger heraus; es ist schwierig den Irrthümern des Transscriptors auf die Spur zu kommen und bei der Eigenart des Inhalts, wie bei der Mangelhaftigkeit der Bezeichnung syntactischer Beziehungen die Incisionspunkte der Sätze zu finden; auch ist die Handschrift nicht fehlerfrei. Als Anhang theile ich die übrigen zwei Gebete und ein kleines Glossar mit, das ich bei der Erklärung mit Nutzen gebraucht habe; es ist der Handschrift der Bodleyana, Cod. Ouseley, 125. III., die von Sir William Ouseley in Shîrâz (also 1811) erworben wurde, entnommen. Sie ist geschrieben am Tage Mâh (12.) des Khurdâd A. J. 1023 (A. D. 1655) von Herbad Minocihr b. Dastur Barzû b. Kawâmaldîn b. Kaikobâd b. Hormuzyâr Sanjânâ. Die Schrift hat den Titel: فرهنك روايت ديني ‚Glossar zur Gesetzes-Tradition', und es erklärt kurz altbaktrische, zandische, pazandische, einzeln auch arabische Wörter; es dürfte in Indien entstanden sein, da an manchen Stellen das Hindî verglichen wird. [1]

Das folgende Gebet findet sich in Add. 8996, Bl. 57ᵇ (A); ein Stück desselben findet sich auch in der Handschrift der Bodleyana, Ouseley, 110. III., S. 197ᵇ (B) und S. 179ᵇ (C).

نام خاور [2]

نام خاور [3] دادار [4] اوخشيدار فيروز باد دادار اورمزد رايومند
خروهمند [5] هروسف آكاه [6] دانای [7] توانای [8] توانكردار
اوخشايشنی كر [9] هروسف نيكه دادار هروسف نيكه داشتار هروسف
اناكه اواج داشتار كش عما فه مهسوده داد وآفريد [10] برهنيد

Bl. 58a

1

5

---

[1] Im folgenden ist es citirt als ‚das Glossar'; ferner bedeutet P. Gr. die ‚Grammatik der Parsi-Sprache' von Fr. Spiegel, Leipzig, 1851; Huzv. Gr. die ‚Grammatik der Huzvâresch-Sprache' von demselben, Leipzig, 1856.

[2] BC وخروه مند [5] BC دادار اورمزد [3] B اورمزد [4] B خواور C خواور [5] C خوار [2] C توانا B توانا [9] Hier [7] B دانا, C دانا [8] B توانی، C توانی B آكه [6] bricht C ab. [10] B آفريد

هم اُش داد هروسف دام وه ¹ سُتر وماه² وخوررشید وآسمان ³
بلند سود وانغر روشن كه خدا هروسف سپناهمينو دامان
اشوان واشايه⁴ ردان دين وه مازديسنان فيروژ بند هما
امشاسفندان هما يزدان ومينوان وكيتيان وهما فرهوهران ⁵

10 اشوان مهر وسروش ورشن وخروه⁶ اويجه وه دين مازديسنان
كش داد فه اواج داشتن ونيدن اهريمن⁷ دروند اوا هما ديوان
ودُرجان⁸ جادويان پريان ساستاران⁹ كنكان وكلفان¹⁰ وناه
كاران اج وه دام ودهشن يزدان انوشه روان باد يشت فرهوهر
زادان وفرخ¹¹ توم مردان فشوم توم¹² | زراتشت سفتمان ¹³

BI. 59a

15 رد هروسف دينيان¹⁴ دين بُرداران اندر هفت كشور زمين
برسند روان ماروان¹⁵ هما فرهوهر¹⁶ اشوان اج كيامرث تا
بسيوشانس پُرخروه هستان¹⁷ وبيدان وچير وفيروزكر باد
ورجاوند دهيو پد دين وه مازديسنان افروخته برا زها دور
وپاينده باد تخت وكه خدا ستايم ازبايم اُش ورج وخروه

20 جاويدان پتايشملى ويرايشنى باد همى كه فرمان ردان دين
بُرداران موبدان رُبا آفرينكان باد ورج وخروه ويش ووه افزون
تر باد هما ايران وهان وهدينان بسته كشتيان اندر هفت
كشور زمين فه دين رُباينيداره اُستوان كرفه وزيداره اج وناه
پهريختاره بند اشان باد فه كيتى | فه كامه تن مينو فه

BI. 60a

25 كامه روان انيران دُش پادشاهان همواره شكسته همه وسته
ونيده اندر شاهنشاه مردام فشوم اير وهو وينشن فرمان
بُردار ساو باج آوارتار بند فه كام وفرمان خاور دادار دين رُبا
آفرينكان باد دين بُرداران شان اج دين نيكه
اشم يك

---

¹ B خورشيد آسمان ³ B سُتر وماه ² B ستاره ماه für وو ² B
⁸ B ⁷ B اهرمن ⁶ رشن خروه B ⁵ فرهوهر B ⁴ اشايه B
⁹ دُرجان B ¹⁰ وساستاران B ¹¹ فرخ B ¹² B fügt hinzu وكرفان
¹⁶ فرهوران ¹³ سفنتمان B ¹⁴ دينان B ¹⁵ B ماروانان اشو توم
¹⁷ Hier bricht B ab.

Uebersetzung:

‚Der Name des Herrn.

Der Name des Herren, des Schöpfers, des Herrschers sei siegreich.

Der Schöpfer Ormazd ist glänzend, majestätisch, alles wissend, kennend und könnend, gewaltig, ein Herrscher, der alles gute schafft, alles gute erhält, alles böse fern hält, der alles zum Nutzen eingesetzt, gegründet und geschaffen. Er hat erschaffen die ganze gute Schöpfung, das Gestirn, den Mond, die Sonne, den Himmel von erhabener Bestimmung, das anfangslose Licht, den Thron Gottes und alle heiligen Geschöpfe.

Die Reinen und die Beschützer der Reinheit des guten mazdajasnischen Gesetzes seien siegreich, alle Amschasfands, alle guten Geister des Himmels und der Erde, alle Fravashis der Reinen, Mithra, Çraosha, Rashnu und die reine Majestät des guten mazdajasnischen Gesetzes, welches geschaffen ist zum Fernhalten und Vernichten des bösen Ahriman sammt den Dêvs, Drugas, den Zauberern, Pairikas, Çâthras, Kaoyas und Karapanas, den sündigen. Von der guten Creatur und Schöpfung sei Lobpreis Gott, dem unsterblichen.

Es mögen herbeikommen die Fravashi-geborenen und gesegnetsten Menschen, der erhabenste Fravashi des Zarathustra Çpitama, des Herren aller Gesetzesanhänger und Gesetzesträger in den sieben Theilen der Erde. Unsere Seele und die Seele aller Fravashis der Reinen von Gayâmurth bis zum majestätischen Siyôshâns, der bestehenden und dauernden, sei stark und siegreich.

Der glänzende Fürst des guten mazdajasnischen Gesetzes sei erleuchtet und —, und fest stehe der Thron und Sessel des Herren. Ich lobe und preise. Sein Glanz und seine Majestät sei ewig im Schaffen und Ordnen. Beständig sei das Gebot der Meister unter den Gesetzesträgern, der Mobeds, ein sich verbreitender Segensspruch. Der Glanz und die Majestät, viel und gut, mehre sich! —

Alle frommen, guten, dem guten Gesetz anhängenden, mit dem Kusti umgürteten, in den sieben Theilen der Erde

seien beständig in der Verbreitung des Gesetzes, in der Ausübung guten Thuns, in der Befreiung von der Sünde. Ihnen
geschehe in der Welt nach dem Wunsch des himmlischen
Körpers, nach dem Wunsch der Seele. Die anarischen Tyran-
nen seien beständig gebrochen, stets gebunden, vernichtet gegenüber dem König der Menschen, dem erhabenen, mit edlem und
gutem Blick, dem Befehlshaber mit süsser Rede. Seien sie
gänzlich befriedigt. Und der Befehl des Herren, des Schöpfers
des Gesetzes sei ein sich verbreitender Segensspruch. Des Gesetzesträgern kommt Heil vom Gesetz.'

Zum Schluss ist ein *Ashem vôhû* zu recitiren.

Z. 1 خاور' Eine genauere Transscription ist die Lesart خوارر
in BC, da das Original ᳀᳀ geschrieben wird, s. Uebersetzung
von Yaçna II Ha, 57; X Hâ, 26; ᳀᳀᳀ Shikand Gumâni Gudhâr, Ms. des Brittischen Museums, Add. 22, 378, Bl. 3°; *qâwar*
(in baktrischen Charakteren) Spiegel, P. Gr. S. 183, Z. 16;
qâwarî, S. 130, Z. 13. In der letzteren Stelle wird *qâwarî* von
Neriosengh durch *pratipâlanâ* ,Herrschaft' übersetzt, während das
Glossar خاور als ,Schöpfer' erklärt S. 843, 17 (خاور خالق يعنى

آفرينند) Während *p* zu Anfang der Wörter gewöhnlich durch
پ oder ف transscribirt wird, wird es in der Mitte und am Ende
meistens durch *w* wiedergegeben: تاوشن ᳀᳀᳀, ,,اورᳩ᳀ آوᳩ᳀,
اوانى ᳀᳀, اويجه ᳀᳀᳀ oder awarê, ᳀᳀ awam, ᳀᳀ awat u. s. w.,
᳀᳀ awê.

Z. 2 اوخشيدار Das entsprechende Abstractum ist
اوخشايشنى S. 828, 3; davon اوخشايشنيكر S. 834, 5; 835, 11, 17,
und اوخشايشنيكرى im Shikand Gumâni Gudhâr, Bl. 3° (geschrieben ᳀᳀᳀᳀). Das Glossar erklärt es als einen Namen
Gottes mit der Bedeutung ,stets wachsam' (S. 839, 6 نام اوخشيدار
(خدا اى هميشه بيدار); es ist eine Ableitung von *aiwi-akhsh* (vgl.
Justi, Altbaktr. Glossar u. d. W.), der ich im Gegensatz zu dem
Glossar nach dem Zusammenhang vielmehr die Bedeutung
,Aufseher, Beherrscher' zutheilen möchte. Das Suffix *târ* haben
die Transscribenten nach der Analogie des Neupersischen be-

---

¹ Die Zahlen der Citate sind die eingeklammerten Seitenzahlen.

handelt, indem sie *t* schrieben, wo es sich an einen consonantisch, *d*, wo es sich an einen vocalisch auslautenden Stamm anschliesst.

فيروز *paitiraoca* muss hier wie Z. 8 in Analogie mit فيروزكر Z. 17 gegen den späteren Sprachgebrauch adjectivische Bedeutung haben.

Z. 3 خرو‌ومند Im Zand wird *qârenaṅh* durch ‌‌, *qarenôṅhvaṅt* durch ‌‌ wiedergegeben; im Uzvâresh werden an deren Stelle خرو‌ه (das auch ‌‌ vertritt) von der Wurzel *qar* und خرو‌ومند gelesen.

Z. 4 نيكه Das ه ist Transscription für die mehrfach erklärte (Spiegel, Huzv. Gr., S. 129; Haug, Essay on Pahlavi, S. 114) und noch immer unerklärte Nominalendung ‌‌, اناكه نيكه ‌‌, S. 813, 5 ‌‌; ebenso S. 814, 23 رُباينيداره, وزيداره, پهريختاره; S. 822, 25 هودينه, هوفرمانه.

Z. 5 عما Das ع ist Transscription für ‌‌, عما — ‌‌ oder ‌‌, S. 835, 19; 830, 3 v. u.; 834, 21; 836, 4 عماعم (‌‌) neben هماعم. Das letztere ist wahrscheinlich h a m â i c a zu lesen, wie S. 834, 8 تراعه tazhâi für ‌‌, وخشاعشن wakhshâish für ‌‌. Ueber eine ähnliche Verwendung des ع in der Umschreibung baktrischer Texte s. meine *Contributions*, S. 44.

مهسرو‌ده Eine Form مهسرو‌دى (zur Bildung vgl. يهبو‌د) kann ich nicht belegen; dagegen Bundehesh 49, 6 ‌‌.

Z. 6 أش Ueber diese und die verwandten Wörter ‌‌ ‌‌ ‌‌ u. s. w., vgl. Spiegel, P. Gr., §. 53; Huzv. Gr., §. 76; Haug, Pahlavî Pâzand Glossary, S. 51. Die gewöhnliche Transscription ist *avam*, *avash*, während hier Damma das *w* (*p*) vertritt; أت 829, 2. 18; أتان 822, 18. 19; أشان 814, 24. Das Pronomen nach ه‌خ hat die Bedeutung eines Casus rectus wie obliquus; das Glossar erklärt S. 3, 3 أش كفت يعنى اورا كفت.

Z. 7 كه ه‌خدا Es herrscht in diesen Texten eine grosse Unsicherheit in Bezug auf die Setzung der Partikel و ‚und‘, da die Mehrzahl der Wörter am Ende ein ‌‌ hat und dies bei einer nicht sehr sorgfältigen Trennung der Wörter oft an den Anfang des folgenden Wortes versetzt wird; ausserdem wird es

oft gegen den Sinn gesetzt oder ausgelassen. Ich wage daher
nicht zu entscheiden, ob sich der Verfasser كاه خدا als Apposition zu انغر روشن (s. Spiegel, Uebersetzung des Avesta, III.
Einleitung, S. XXXVIII) gedacht hat, oder ob كاه خدا, zu
lesen ist.

سپناهمينو Das Original ist مور- جرم, Uebersetzung des
Vendidad, 19, 33 (baktrisch çpeñtâmainyu). Das Glossar erklärt S. 838, 16: اسپنامينو اسم خد ابود

Z. 11 ونيدن falsch transscribirt für وانيدن, erklärt das Glossar S. 845, 10 زد كينست‘ وانيد باد يعنى زد شكست
وانيداران ناپيدا كنندكان und S. 850, 22 وناپيدا باد

ديوان ودرُجان u. s. w. Das Prototyp dieser Stelle ist
Yaçna 9, 61; vgl. ferner Farvardîn Yasht, v. 135; Abân Yasht,
v. 26; Ormazd Y., v. 9; Bahrâm Y., v. 4.

Z. 16 روان الخ Das ماروان von A (ماروانان B) trenne ich in
روان ما روان und lese mit B فرهورران anstatt فرهوهر
هما فرهوهران اشوان, ‚unsere Seele, die Seele aller Fravashis
der Reinen‘. Ueber die Seele (urvan) als etwas von Fravashi
verschiedenes vgl. Yaçna, 54, 1.

Z. 17 پر خرزه entspricht baktrischem pouru qâthra, das im
Zand mit اس weidergegeben wird, vgl. Yaçua 1, 41. Der
Ausdruck اج كيامرث تا الخ stammt aus Yaçna, 26, 33.

هستان وبيدان Es scheint mir das einfachste هستان
وبيدان als Apposition zu فرهوهران (Lesart von B) zu beziehen und die Stelle als eine Reminiscenz an Farvardîn, Y.,
v. 21 (hâitîsh hâtâm hâitish âoṅhushâm hâitîsh bûshyantâm)
aufzufassen. Ueber سم als Uebersetzung von hâtâm vgl. Yaçna,
64, 22; 13, 15; 19, 27. Das Glossar erklärt S. 851, 16:
هستان يعنى كه ايشان اكنون هستند

بيد ist fehlerhafte, aber häufig vorkommende Transscription von زب, s. meine Contributions, S. 44, Anm. 1; Glossar,
S. 841, 2: بيدان يعنى كه ايشان كه باشند

---

¹ Lies كسست

وچیر فيروزكر Da neben ein Adjectiv erforderlich scheint,
so ziehe ich vor das و als vom Ende des vorhergehenden Wortes
übertragen anzusehen und ۱ر(حمر)ا، ۹۵ anstatt ۱ر(حمر)ا، ۹۵ zu lesen.

چيپ Uebersetzung von *ughra* kommt vor als Epithet zu Fravashi Yaçna, 4, 11; Vispered 12, 33.

Z. 18 ورج und ورجاوند ورجاوند sind die Uebersetzungen
von *varecaṅh* und *varecôṅhvaṇṭ* (Justi: ‚Glanz‘ und ‚glänzend‘),
Vendidâd, 20, 2. Die Tradition scheint diese Wörter mit
ورزديدن (Wurzel *varez*) zu combiniren, und übersetzt daher
‚Thun, Thatkraft, Stärke‘; vgl. Spiegel, P. Gr., S. 131, Z. 22,
wo Neriosengh *varz* mit $\overline{karmakâritâ}$ wiedergibt. Das Glossar
erklärt S. 850, 22: ورج نيرو تيز Vgl. ورج und يدملورج im
Bundehesh.

برا زها دور An dieser Stelle ist wahrscheinlich etwas
ausgefallen. برا زها liesse sich zur Noth als ريله كرا ‚mit hoher
Waffe‘ deuten; nach دور dürfte ein Wort fehlen (‚fernhin
strahlend‘).

Z. 20 جاويدان scheint nach Pahlavî Pâzand Glossary, S. 19,
10 im Uzvâresh zandisches ﭏ (לְמוֹדֶם) zu vertreten.

تايشنى Hier und S. 822, 21 kann ich nicht belegen; es
ist aber gesichert durch تاشيدار. Die Paraphrase des Ormazd
Yasht (Ms. des brittischen Museums, Add. 8994) übersetzt in
v. 14 *vîçpatash* durch تاشيدار هروسف; in der Bedeutung ‚Ge-
hauenes‘ kommt es vor Vendidâd, 13, 82.

Z. 21 آفرينكان رُبا Meine Uebersetzung (vgl. S. 814, 22) ‚ein
sich verbreitender Segensspruch‘ ist nicht viel mehr als eine
Vermuthung; رُبا dürfte jedenfalls ورسو sein.

Z. 23 ورزيدار٥ Dies Wort müsste von der Wurzel *vaz* ‚fliegen‘
(وچيتن) abgeleitet werden. Da eine solche Bedeutung nicht
in den Zusammenhang passt, so ergibt sich als nächste Aen-
derung ورزيدار٥ ‚Ausübung‘, das Abstractum von dem Nomen
agentis ورزيدار (الدمـلهم)

Z. 25 وستنه steht für بستنه vgl. Spiegel, P. Gr., §. 18ᵇ.

Z. 26 مردام اندر شاهنشاه مردام scheint mir eine falsche
Transscription für ﭏﮊﭏ zu sein, wie auch in امشاسفندان u durch

a wiedergegeben ist (ﻢﺣﻮﻣﻮﭘ). Wenn meine Uebersetzung der
ganzen Stelle richtig ist, so ist اندر d. h. ﭺﻭ als ‚gegenüber‘
zu fassen, wie S. 828, 10, سپاسدارم توعه اندر ‚gegen Dich hege
ich Dank.‘

اير وهو دين Vgl. S. 829, 2 ﻫﻮ واير وينشن; Glossar,
S. 851, 19 هيم هو, 851, 23 چشم هو. Der Gegensatz von
هو ist اك, s. Glossar, S. 839, 10 اودين بهدين اكدين
دروند

Z. 27 ساو باج Das Wort ساو halte ich für verderbt. Das
Glossar, S. 846, 6, citirt ein سيوا: هيزوان شيرين زبان سيوا
und in diesen Gebeten, S. 829, 25, kommt vor: شير هزوان;
ausserdem ist das neupersische شيوا ‚beredt‘ zu vergleichen.
Altbaktrisches *khshviwrem hizvaům* ist Yaçna, 61, 11 mit
ﻣﮑﺮﻣ ﻣﯿﻮﻣﻮ übersetzt. Darnach scheint mir ساو باج eine Corruptel für شيوا باج ‚mit süsser Rede begabt‘ zu sein.

آوارتار weiss ich nicht anders zu erklären als eine falsche
Transscription von سودلا ‚praecipue‘, s. Spiegel, Huzv. Gr. S. 133;
avírtar, Spiegel, P. Gr., S. 128, 16. 21; 129, 3; ebendas. 129,
22 haben beide Handschriften (Londoner und Pariser, s. S. 188)
avartar. Das Subject von بند dürfte, wenn es nicht etwa aus
dem Zusammenhang zu ergänzen ist, ausgefallen sein.

Aus dem vorhergehenden wird man ersehen, dass sich
das zandische Original, aus dem dies Gebet transscribirt ist
mit einiger Sicherheit wiedererkennen lässt, und im folgenden
gebe ich einen Versuch zur Reconstruction desselben. Wenn
ich die Zandisirung nicht bis zur letzten Consequenz getrieben,
also ﻥﻋﺮ, nicht ﻥﻋﻮﻣﻮ, ﻢﻋﺮﻣﻮ, nicht ﻢﻋﻮﻣﺮ geschrieben habe, so
geschah dies deshalb, weil das Gebet jedenfalls der späteren
Litteraturperiode angehört, in der die semitischen Wörter schon
sehr bedeutend durch die eranischen verdrängt werden.

Das folgende Gebet ist aus Add. 8996, Bl. 60ᵃ ff. genommen.

چـتـرم بُـیـاد

چترم بُیاد اهمه نمانه فتوم بُیاد اهمه نمانه توام فتوم بُیاد
اهمه نمانه پیدای باد اندر این مان وهان که همیشه پدیج
وآبادان باد نه رسشنه باد نه یزدان هادره وهان ماهانی
دوستان اندرش باد نه فره وشیو خشنیتو این تو اهمه نمانه ۵
خشنیتو ویچرنته اهمه نمانه خشنیتو آئری ننتو اهمه
نمانه ونكهیم اشیم خانرام خشنیتو پار ین این تو هجه اهماد
نماناد | اهماکمجه مزدیسنه نام بخشنودی آیند امشاسفندان Bl. 61ᵃ
وفرهوهران او اى مان بخشنودی آفرین كنند اندر ایمان
بخشنودی فراج بروند اج ایمان یزشن وستایشن زبایشن واشایه ۱۰
كار وكرفه برند اوعه دادار اورمزد وامشاسفندان نه چشم كرزشن
بروند اج ایمان ما هما كه مازدیسنیم شما كه میزدومندان
اید یك یك تن تن جد جد كه بدین یزشن ودرون وآفرینكان
اورا هما هم كرفه بید ایستید هر كه را زن وفرزند هست
دیر زیوا دیر فتا ماهمان باد هر كه را نیست یزدان برهناد ۱۵
اش دهاد تا صد وپنجاه سالان پس اج صد وپنجاه سالان پدوند
او سیوشانس فیروزكره پدوند باد شمای وهان همیشه اندر
شادی وبزم وبید اتان ورس | اور سر اتان می وجام Bl. 62ᵃ
بدست اتان سپرم اندر بازو اتان خونیاعه بكوش اتان
دوستان شاد نه همنشست شما وهان نه كامه خویش رامشنی ۲۰
پنایشنی ویرایشنی باد كه هر چه زود تر شهد بید تا برساد
آن مردان داد آراستار كیهان ویراستار اشایه ورزیدار مرد
اوشیدر زرهتشتان فشوتن وشتاسفان وهران هماوند زود اوعه
پیدای دین آیند داد دین وه اوا آنه اورمزد دین
پدوند باد هودینه هوفرمانه اندر ایران كیهان به اوسهناد ۲۵

دین بُرداران شان اج دین نیکه رساد تا آنه مدن مردان
داد آراستار کیهان ویراستار اشایه ورزیدار مرد اوشیدر
بلـ ۶۵ زرهتشتان فشوتن وشتاسفان وهرام هماوند دین فرخ ا
پادشاه زمانه اوا اور هما وهان هودینان بسته کشتیان
۳۰ اندر هفت کشور زمین هوچشم هو نکری دار کناد اور دست
اوعه داشتار پرورتار بند وتران اور دست اوعه زدار اوسنیدار
بند تا وهان اوعه کامه رسند هر چه‌د همان وهان آفرین پیدا
ایزد یکی را ده دهرا صد صدرا هزار هزار تا بیوران بیور
زود رساد دیر فتا ماهمان باد آنه یزدان اوعه یزدان رساد
۳۵ آنه وهان اوعه وهان رساد هر چشی ایدون باد همچنین
اورمزد وامشاسفندان کامه باد ایدون باد ایدون ترج باد
اشم یک

Uebersetzung.

cithrem buyât

cithrem buyât ahmya nmânê
pitûm buyât ahmya nmânê
thwām pitûm buyât ahmya nmânê

Offenbares sei in diesem Hause der Guten, das immerdar
wohlbehalten und blühend sein möge. Es sei in Gedeihen durch
Gott. Hülfe der Guten und Pflege der Freunde sei in ihm.

fravashayô khshnûtâo ayantu ahmya nmanê
khshnûtâo vîcareñtu ahmya nmanê
khshnutâo âfrîneñtu ahmya nmanê
vanuhîm ashim qâparām khshnûtâo pârayañtu
haca ahmât nmânât [çtaomâca râzareca bareñtu
dathushô ahurahê mazdâo ameshanãm çpeñtanãm
mâ-cîm gerezânâo pârayantu
ahmât nmânât] ahmâkemca mazdayaçnanãm

,Zufrieden mögen die Amshasfands und Fravashis zu diesem
    Hause kommen,
Zufrieden mögen sie Segen spenden in diesem Hause,
Zufrieden mögen sie fortgehen aus diesem Hause,

Verehrung, Lob und Preis, Ausübung des Reinen und Guten
mögen sie bringen zum Schöpfer Ormazd und den Amshasfands,

Mögen sie (nicht) über irgend etwas weinend fortgehen aus
diesem Hause von uns allen, die wir Ormazd-Verehrer
sind.'

Ihr, die ihr Myazd opfert, jeder einzeln, Mann für Mann,
jeder besonders, die Ihr bei dieser Anbetung, diesem Opfer
und Lobpreis mit allen gemeinschaftlich gehandelt, jeder, der
Weib und Kind hat, möge mit langem Leben, mit lange dau-
ernder Kraft existiren; jedem, der solche nicht hat, möge Gott
sie erschaffen. Bis zu 150 Jahren und nach 150 Jahren un-
unterbrochen bis zum siegreichen Siyôshâns existire das Ge-
schlecht.

Ihr, o Gläubige, seid beständig in Freude und Festlichkeit,
und es sei Euch Haar auf dem Haupt, Wein und Becher in
der Hand, —— im Arm, liebliche Töne im Ohr, Freundes-
freude in Eurer Versammlung. Den Gläubigen sei zu eigner
Befriedigung Freude am Schaffen und Wirken, das auf das
schnellste geschehen muss, bis dass komme jener Mann,
der Ordner der Gerechtigkeit, der Reformator der Welt, der
Vollbringer reiner Thaten, der Mann Oshêdar, Sohn des Zartusht, und Peshôten, Sohn des Gushtâsp und Bahrâm der Starke.
Schnell kommen sie herbei zur Offenbarung des Gesetzes, eilen
herbei zur Gerechtigkeit des guten Gesetzes.

Mit Ormazd, dem erhabenen, sei das Gesetz verbunden.
Der Zustand guten Gesetzes, guter Herrschaft möge im Lande
Eran zunehmen. Den Gesetzesträgern komme Gutes vom Gesetz bis zu dem Kommen jenes Mannes, des Ordners der Gerechtigkeit, des Reformators der Welt, des Vollbringers reiner
Thaten, des Mannes Oshêdar, des Sohnes Zartusht's, und Peshôten's, des Sohnes Gushtâsp's und Bahrâm's, des Starken.

Das Gesetz des gesegneten Königs mache die Zeit zugleich
über alle guten, rechtgläubigen, mit dem Kustî bekleideten in
den sieben Theilen der Erde günstig und von gutem Zeichen.
Sie seien unterthan dem Erhalter, dem Ernährer; die bösen
seien unterthan dem schlagenden, dem vernichtenden, damit
die Guten Befriedigung erlangen.

So oft das Gebet frommer Gläubiger sich offenbart, möge ein Engel schnell herbeikommen, zehn zu einem, hundert zu zehn, zehntausend zu hundert, zehntausend bis zu hunderttausenden; mögen sie mit langer Kraft bestehen. Jener Engel möge kommen zu einem Engel, jene Gläubigen mögen kommen zu Gläubigen.

Alles geschehe so; so gereiche es Ormazd und den Amshasfands zur Befriedigung. So sei es, so sei es durchaus.'

Z. 1 *cithrem buyât* Der Anfang des Gebetes besteht aus zwei Citaten aus dem Avastâ mit pazendischer Paraphrase. Die erste Stelle finde ich nicht im Avastâ; da aber jedes einzelne Wort im Avastâ vorkommt, so kann über den Text kein Zweifel sein. In Analogie mit der Schreibweise der folgenden Verse lese ich اهميا hier *ahmya*, nicht *ahmi*. *cithrem* übersetzt die Tradition meist durch ﻮﺳ oder durch ﻔﺮ; das letztere vorziehend, übersetze ich:

,Same (Nachkommenschaft) sei hier im Hause,
Speise sei hier im Hause,
Dir sei Speise hier im Hause.'

Die Paraphrase in unserm Texte ist jedenfalls sehr ungenau.

Z. 3 پدیم Das Glossar erklärt S. 841, 5 خوشی und in der Paraphrase des Ormazd Yasht (Add. 8994) ist in v. 22 (Westergaard) *thrimem* durch پدیخته übersetzt; die Stelle lautet: اهنور یزم اشایه فشوم نیک امرك افزونی یزم هماونده پدیخته اوج وفیروزکره وخره وزود یزم الخ Yaçna, 9, 48 übersetzt ﻮﺳﺮﻤ baktrisches *thrimâi*; vgl. Spiegel, Commentar über das Avesta, II, S. 485, 684.

Z. 4 هادره hier und S. 829, 29 macht Schwierigkeiten. Wenn man aber die betreffenden Ausdrücke im Avastâ, aus denen diese Stelle geflossen sein kann, durchmustert, so wird man mir hoffentlich beistimmen, dass dies هادره kaum anders aufzufassen ist als eine falsche Transscription des zendischen ﻮﺳﺮﻤ (neupersisch یاری), das baktrisches *avaṅh* übersetzt; man vgl. Stellen wie Yaçna 4, 11, wo es heisst, die Fravashis seien herbeieilend ﻮﺳﺮﻤ ﻮﺳﺮﻤ كو ,zur Hülfe (*avaṅhê*) der Reinen'.

Z. 5 الخ ۈروشیو Diese Stelle ist Farvardin Yasht v. 156,
157; durch ein Versehen des Schreibers ist das eingeklammerte
von *çtaomâca* bis *nmânât* ausgefallen, während es in der Paraphrase wiedergegeben ist.

Z. 9 مان ای wird auch ایمان ‚dies Haus' geschrieben.
Ueber das Demonstrativ *ê* verweise ich auf Spiegel, Huzv. Gr.
§. 80. Aus mittelpersischem *pun ê dâshtan* ‚dafürhalten, meinen'
ist neupersisches پنداشتن entstanden.

Z. 11 اوعا, auch اوی und allein و sind Transscriptionen
der als Dativzeichen verwendeten Präposition ۱۳, s. Spiegel, Huzv.
Gr. §. 51. ودوزخ ‚zur Hölle' kommt vor Spiegel, P. Gr. S. 156,
14 und 159, 9. Ebenso vertritt اوی das zendische ﻟ; vgl.
Spiegel, a. a. O. S. 158, 1 او آو وآتش او mit Tradit. Litteratur
der Parsen, S. 311 (nr. 13) ۱۳

الخ کرزشن چشّم فا ‚und über irgend etwas weinend.' Die
Uebersetzung der Negation *mâ* ist ausgefallen, und dadurch das
ganze sinnlos geworden. کرزشن als Uebersetzung des baktrischen
gerezânâo ist von کرزیدن (neupersisch کریستنن) abzuleiten.

Z. 12 میزدومندان ist wahrscheinlich Uebersetzung des
baktrischen *myazdavan*.

Z. 14 بیل ایستید Das zendische Hilfszeitwort ۱۱ویا۱۳ wird
im Uzvaresh ایسنان gelesen, also بیل ایستید = ۱۳ویا۱۳ ۱۳۱
‚ihr seid gewesen', s. Spiegel, Huzv. Gr., §. 106.

Z. 15 دیر زیوا دیر فتا Ueber die Bedeutung von دیر زیوا
(vgl. S. 828, 7) kann kaum ein Zweifel walten; es entspricht
baktrischem *dareghôjîti*, ‚lange lebend' (zandisch ۱۳ کۣ۷۳
Yaçna 9, 66). Auffallend bleibt aber die Transscription زیوا, während es S. 837, 2 richtig durch زیوشنه wiedergegeben ist. Das
folgende دیر فتا (ebenso S. 823, 34) dürfte nicht mit baktrischem *dareghâyu* (۱۳ کۣ Yaçna 28, 6), sondern mit zendischem ۱۳یاۣ۱۳ (*patûi*) ‚Kraft' zu combiniren sein; vgl. Spiegel,
Commentar II, S. 22, 107, 281, 327. Man müsste dann annehmen, dass hier wie in مردام und امشاسفندان *u* durch *a*
transscribirt sei.

ماهمان Es ist schwer die Bedeutung des gar nicht selte-
nen ماهمان ماهمان ۱۳یاۣ۱۳ (s. S. 822, 4. 15; 823, 34; 829, 29 تر ماهمان)

genau zu bestimmen; es scheint „existirend, befindlich' zu be-
deuten. Das Glossar erklärt S. 849, 16 (? مُوَكّل) موكل ماهمان
und Neriosengh übersetzt es mit *abhyâgata* (wegen des neupersischen مهمان ‚Gast'?). Spiegel übersetzt es auf sehr ver-
schiedene Weise: Commentar über das Avesta I, S. 378
میهمان ‚besonders', S. 145 تر میهمان ‚am meisten hingegan-
gen', II, S. 8 تر میهمان ‚am wirksamsten', ebendas. میهمان
‚ausgezeichnet', S. 31 میهمانش ‚Wohnsitz', S. 76 میهمانش
‚Gehen' u. s. w.

Z. 16 تا صدوپنجاه سالان Es ist bemerkenswerth, dass
gerade die Zahl 150 (drei Generationen?) in solchem Zusammenhang gebraucht wird, vgl. meine *Contributions*, S. 48, Unter-
schrift von Add. 8996 und Justi, Bundehesh, Einleitung S. XIX,
Z. 7. v. u.

Z. 18 وبید Vorausgesetzt, dass diese Lesart richtig, muss
man بید als falsche Transscription für باد erklären; das
Glossar erklärt auch S. 840, 12 باد یعنی بید.

Z. 19 خونیاعه سپرم, Ueber das Wort سپرم, das nach dem
Zusammenhang die Bedeutung ‚Kraft, Stärke' zu haben scheint,
wage ich keine Vermuthung. خونیاعه ist wahrscheinlich dasselbe als neupersisches خُنیا ‚Melodie', das ich aus dem Zendischen nicht belegen kann. Sollte ⲱⲟ *hunyâ* (Pahlavî-Pâzand
Glossary, S. 7, Z. 1) mit diesem خُنیا verwandt sein?

Z. 21 شهد hier und S. 834, 23; 835, 1. 10; 836, 12. 21 ist
falsch umschrieben aus ⲱⲟⲱ (شاید); das Glossar schreibt statt
dessen شهید S. 846, 20: شهید شاید Ich bezweifle, dass diese
Stelle (بید شهد تر زود چه هر که) richtig überliefert ist;
wahrscheinlich ist unmittelbar vorher etwas ausgefallen.

Z. 23 اوشیدر Ueber Oshêdar, Peshôten, Bahrâm und ihre
Stellung in der zoroastrischen Eschatologie verweise ich auf
Spiegel, Uebersetzung des Vendidâd, Einleitung, S. 32 ff.
wie hier und S. 823, 1 überliefert ist, passt nicht zu برساد und مردان,
den Singularen ورزیدار, ویراستار, آراستار. Wahrscheinlich
ist zu lesen: مرد آن داد آراستار.

3*

Z. 25 اوسهناد bedeutet ‚es nehme ab‘, also das gerade
Gegentheil von dem, was der Zusammenhang erfordert. Hier
muss eine Verwechslung mit افزایاد ‚es mehre sich‘ vorliegen.

Z. 26 تا آنه مدن entspricht zendischem ... , s. Spiegel,
Huzv. Gr., §. 163, S. 143. In anderen Stellen scheint آنه
... zu vertreten und wie das neupersische آن للتفخیم gebraucht
zu sein; آنه اورمزد ‚jener Ormazd‘, d. h. Ormazd, der erhabene.

Z. 29 اوا Die Berechtigung meiner Uebersetzung ‚zusammen‘
ergibt sich aus Spiegel, P. Gr., S. 110; Huzv. Gr., S. 139.

Z. 30 هو نكرى دار ist wahrscheinlich eine Nominalform auf
dâr von نكريدن ‚gut sehend, einen günstigen Anblick bietend.‘
ابر دست würde heissen ‚überlegen‘, während der Zusammenhang ازیر دست ‚untergeben‘ verlangt. Das Versehen
erklärt sich durch eine Verwechslung von ... und ...

Z. 32 همان ist zu lesen: هر چه دهمان (سمم)
هر چهد ‚so oft das Gebet frommer Gläubiger sich kund thut.‘

Z. 35. اوعد وهان رساد Man würde nach وهان den Plural
رسنذ erwarten.

Add. 8996 Bl. 45ᵇ.

نماج اورمزد

نماج اوعد اورمزد رایومند خروهمند هروسف آكاه داناى تواناى
توانكردار اوخشایشنى كر هروسف نیكه دادار | هروسف نیكه
داشتار هروسف اناكه اواج داشتار ورجاوند سهى فیرزوكره پادشاه
ورجاوند آفرینكان اویجه سپاسدارم بمنشن سپاسدارم بكوشن
سپاسدارم بكنشن دادار سپاس توكه نیكه زمان آمد سپاسدارم كه
اناكه زمان نرسید سپاسدارم كه اندر آسمان زیوا زمین فه پهنا
روز فه درهنا خورشید فه بالا آوان تجشن ارروان وخششن خورشید
تاوشن ماه روشن ستاره فه آسمان اج بن دهشن تا اورمزد اج
امروز تا رستاخیز تن پسین اندر توعد دادار اورمزد سپاسدارم

بمشنن سپاسدارم بکوشن سپاسدارم سپاسدارم بکنشن دادار سپاس تو کت

ایر وهر دین کرد مْ اَت هُشن وویر دواروم روشناعه چشم

ودست | پای وخورشن خوش وجامه نیك نیز هما نیكه BI. 47a

فه کامه داد مْ دادار سپاس تو منشنی وکوشنی وکنشنی هر

۱۵ روز هزار بار هزاران هزار بار اندر توعه دادار اورمزد سپاسدارم

بمنشن سپاسدارم بکوشن سپاسدارم بکنشن دادار سپاس

تو کت اج چهر مردمان آفرید مْ اُش آشنوا وکویا وبینا

داد مْ اُت آزاد وبرهنید مْ اُت نه بنده اُت مرد داد مْ

نه زن اُت واج خور آفرید مْ نه درایان نیایشنی مْ اوعه

۲۰ اُت دادار که آنه دهشن وینم چین آسمان بلند چین

خورشید تاوشنومند چین ماه کوسفند تخمه چین آتش سرخ

سوژای برهومند چین خروه پادشاه وکنج خواسته آبادامند

چین زمین | برومند چین آب روشنومند چین ارور دارو BI. 48a

درخت واسترج ارشنومند چین زن ترسکاهه هوچهره خروهمند

۲۵ چین پس انجمنی هورُست شیر هزوان پسندشنی نیاعشنومند

چین دوستان وهمسایکان وبرادران نبانزدشتنان

ارواخشومند چین رامشن خارام منشن خویش اوایست فرارین

هروسفج آنه تو آوادامند وسود وخروه وخاره نیکه ام اندر

این کیهان واشایه اومند اوعش هادره پدش ماهمان نر

۳۰ هست اشان بهشت بهر باد انوشه شان به اوعه روان رساد

به اوعه بهشت روشن به آسانید وپدران ومادران وبرادران

وخواهران وخودان ودوستان وهمدینان من که بید اند آنکه بزرك

اند هما شان | بهشت بهر باد اشان کیتی بهر باد اشان BI. 49a

کار وکرفه کیتی بهر باد هماعج منشن وکوشن وکنشن فه

۳۵ آنه راست فرارین فه راه وهان پسند یزدان باد ایدون

باد ایدون ترج باد'   اشم وهی یك

---

¹ In Cod. Ouseley 110. III. Bl. 197ª findet sich ein Fragment, das dem
Schluss dieses Gebetes sehr ähnlich ist: بودند کیامرث تا امروز که

Uebersetzung.

Ormazd-Gebet.

Gebet sei Ormazd, dem glänzenden, majestätischen, der alles weiss, kennt und kann, dem mächtigen, dem Herrscher, der alles gute schafft, alles gute erhält, alles böse fernhält, dem glänzenden Fürsten, dem siegreichen König; reiner Lobpreis. Ich danke in Gedanken, Wort und That. Schöpfer, Dir gebührt Dank dafür, dass das gute der Zeit gekommen ist; ich danke, dass das böse der Zeit nicht gekommen ist. Ich danke, dass am Himmel Leben ist, dass die Erde weit, der Tag lang ist, dass die Sonne hoch oben steht, dass die Wasser fliessen, die Bäume wachsen, die Sonne leuchtet, dass der Mond wandelt, dass das Gestirn am Himmel steht, von dem Grunde der Schöpfung bis zu Ormazd, von heute bis zur Auferstehung des zukünftigen Leibes.

Dir, o Schöpfer Ormazd, danke ich in Gedanken, Wort und That. Dir, Schöpfer, gebührt Dank dafür, dass Du das ehrwürdige, gute Gesetz geschaffen, ausserdem auch das Leben, den Verstand, den ausgezeichneten Glanz des Auges, Hand und Fuss, treffliche Nahrung und gute Kleidung, und ferner alles gute zur Befriedigung geschaffen. Dein Dank, o Schöpfer, sei das Denken, Sprechen, Thun, jeden Tag tausend Mal, ja Millionen Mal.

Dir, o Schöpfer Ormazd, danke ich in Gedanken, Wort und That. Dir, Schöpfer, gebührt Dank dafür, dass Du aus Samen den Menschen erschaffen, ihn hörend, sprechend und sehend gemacht, dass Du ihn frei erschaffen hast, nicht als Sclaven, als Mann, nicht als Weib, als einen, der bei dem Mahl sein Gebet spricht, nicht als einen solchen, der es unterlässt.

هما شان بهشت بهر باد اشان كيتى بهر باد اشان اج كار
وكرنه كيتى بهر باد عماعج منشن وكوشن وكنشن آنه
راست فرارونه فه راه يزدان وپسند وهان باد ايدون باد
ايدون ترج باد   اشم وهى يك

Lobpreis ferner sei Dir, o Schöpfer, dass ich von dieser Schöpfung sehe, dass dieser Himmel hoch, diese Sonne leuchtend ist, dass dies Feuer roth brennt und Asche bringt, dass diese Majestät des Königs und der Schatz des Besitzes unversehrt ist, dass diese Erde Frucht trägt, dieses Wasser fliesst, dass diese Bäume und Gehölze, Sträucher und Weiden wachsen, dass dieses Weib gottesfürchtig, schöngesichtig und glänzend ist, dass diese Söhneschar wohl gewachsen, süssredend, billigens- und lobenswerth ist, dass diese Freunde und Genossen, Brüder und Verwandten glücklich sind, dass diese Freude erquickend, das Denken angenehm, das Wollen gut ist. Und alles gehört Dir, das blühende, der Nutzen, die Majestät, der Glanz und das Gute in dieser Welt; und dem Reinen gereicht es zur Hülfe und er besteht dadurch.

Das Paradies werde ihnen zu Theil, unsterblich gehe ihre Seele zu ihm, er mache leicht den Gang zum Paradies. Und den Vätern und Müttern, Brüdern, Schwestern, Verwandten, meinen Freunden und Glaubensgenossen, die gelebt haben, den Grossen — ihnen allen werde das Paradies zu Theil, ihnen werde die Erde zu Theil, ihnen werden die guten Thaten der Erde zu Theil. Und alles Denken, Sprechen und Handeln sei Gott angenehm für diesen Gerechten, Frommen in dem Wandel der Gläubigen. So sei es, so sei es durchaus.'

Z. 4 سهی lässt sich mit dem neupersischen سهی ‚hoch‘ combiniren, wie Spiegel, Commentar, II, S. 684 gethan zu haben scheint; vielleicht ist es nur eine falsche Transscription von سو (شاه).

Z. 7, 8 دهنا, پهنا Das erstere übersetze ich nach dem Neupersischen als ‚Breite‘, das zweite halte ich für eine eigenthümliche Transscription von درانای دلم ‚Länge‘.

Z. 9 تاوشن hier und S. 835, 14 steht für تاپشن (ﬦﬠﬦ) von der Wurzel *tap*; davon S. 829, 21 تاوشنومند ‚mit Glanz begabt‘.

Z. 10 تروع ist hier der pazandische Vertreter von رو. Auf die Form des Wortes dürfte die Analogie von اوﬠﬦ Einfluss gehabt haben.

Z. 12 هشن الخ Meine Uebersetzung dieser Stelle ist sehr con-
jectural. هُشن deute ich als ⲙⲟⲙ هوش ‚Leben‘, s. Justi, Glossar zum Bundehesh. Die gewöhnliche Bedeutung von وير
‚Held‘ scheint hier nicht zu passen; ich übersetze es nach dem
Neupersischen als ‚Verstand‘. واروم dürfte aus پاهروم) ⲟⲩ⳥ⲉⲱ
umschrieben sein, wogegen nur zu bemerken ist, dass *p* zu
Anfang eines Wortes im allgemeinen beibehalten zu werden
pflegt. روشنايه schliesslich ist ⲗⲟⲩⲙⲱ (vgl. S. 835, 14 روشناعه).

Z. 17 اشنوا hier und S. 835, 18 ist ein Participium auf *â* von
آشنودن, vgl. Glossar, S. 839, 5: آشنوايند يعنى بشنوايند.

Z. 19 درايان خور واج Das Glossar erklärt S. 844, 7:
درايان durch بى باز خوردن und ebenso S. 844, 22 ,درايان
خورشنى also ‚speisen ohne vorher und nachher zu beten‘; das
Gegentheil davon ist خور واج. Auf S. 834, 12. 13 steht dem
درايان gegenüber كر يشت.

Z. 21 تخمه كوسفند d. i. ⲙⲟⲙⲟ⳥ übersetzt *gaocithra*
(z. B. Yaçna 1, 35). Zu dem sachlichen ist zu vergleichen
Bundehesh c. X.

Z. 22 سوژاى ist transscribirt aus ⲙⲟⲟ⳥ Wurzel *suć*, wie
S. 834, 8 ⲟⲟⲙⲟ von Wurzel *tać*. تراعه

برهومند In der Handschrift ist zwischen ر und s ein
Buchstabe ausradirt. Wenn بر (Spiegel, Tradit. Litteratur etc.
S. 423) wirklich ‚Asche‘ bedeutet, so dürfte ⳥ⲉⲙ ۱ als ‚mit Asche
versehen‘ zu erklären sein. Das Glossar erklärt S. 850 ور =
ور آدران u. d. W. خاكستر.

Z. 22 ابادامند, اواده und اوادان haben eine viel allgemei-
nere Bedeutung als neupersisches آباد, آبادان. In der Paraphrase des Ormazd Yasht (Add. 8994) wird v. 7 (Westergaard)
vôhû ‚gut‘ mit اباد übersetzt. Was der Verfasser unter كنج
خواسته versteht, ist mir nicht bekannt.

Z. 24 ارشنومند Ein solches Wort kann ich nicht erklären;
höchst wahrscheinlich ist es eine Corruptel für ارويشنومند
(ⲙⲟⲙⲟⲗ) ‚wachsend‘, womit Vendidâd 19, 60 baktrisches
uruthmya, Vend. 18, 126 *uzukhshyêitinãm* übersetzt ist.

ترسكاهه kommt vor in der Uebersetzung von Yaçna
53, 3 (ⲗⲙⲗⲙⲟ), s. Spiegel, Commentar II, S. 423. Meine Ueber-

setzung, „gottesfürchtig‘ beruht auf der Vermuthung, dass das Wort eine Ableitung von ترسیدن ist (etwa mit der Bedeutung des neupersischen ترسکار).

Z. 25 پس انجمنی ist wahrscheinlich ⲙⲉⲩ ⲙⲉ ‚Söhneschar‘; انجمنو auf S. 837, 3.

Z. 27 اروآخشومند geht zurück auf baktrisches *urvâkhs*; vgl. اورواخمنیه bei Justi, Glossar zum Bundehesh. Die gebräuchlichere Adjectivform scheint aber اروآخمند zu sein, s. Spiegel, Commentar, II, S. 115; 221.

چین رامشن خارام الخ Ich habe zu keinem sicheren Verständniss dieser Stelle gelangen können; خارام fasse ich als Transscription von ⲙⲉⲅ (هروخم), s. Vendidâd 18, 61; für خویش lese ich خوش und اوایست ist in der Bedeutung ‚Wunsch‘ zu nehmen, in der es im Bundehesh vorkommt, s. Justi, Glossar u. d. W. افایست.

Z. 28 خاره und خواره sind umschrieben aus ⲙⲉⲩ (*qâthra*); *vîçpa qâthra* خاره, هروسف, *pouru qâthra* پر خواره (Paraphrase des Ormazd Yasht zu v. 14).

ام نیکه ام und ⲙ sind transscribirt aus ⲉ und werden gebraucht wie چ (*ĉa*); ونیکه ام نیکه = نیکه

Z. 30 اُشان Vor اُشان ist wahrscheinlich etwas ausgefallen, da nicht angegeben ist, wer die in اُشان gemeinten sind. Die Vergleichung des Fragmentes in Ouseley 120 bestätigt diese Vermuthung: [‚den frommen, rechtgläubigen von] Gayâmurth bis auf den heutigen Tag, die gelebt haben, ihnen allen werde das Paradies zu Theil‘ u. s. w.

Anhang.

I. Add. 8996 Bl. 49ᵃ.

بنــام دادار   1

بنـام دادار وهه افزونی سپاسدارم اج دادار آسمان وزمین سپاسدارم

اج دادار آمُرزیدار سپاسدارم اج دادار کرفه دوست سپاسدارم   Bl. 49b

اج دادار نیکه کردار سپاسدارم اج دادار هرفادار سپاسدارم

۵ اج دادار فرارین کردار سپاسدارم اج دادار اوحشایشنیکر سپاسدارم

اج دادار کرفه کر سپاسدارم   اج دادار توانکردار

اویکمانم فه یکه وهسته بودن دادار اورمزد وامشاسفندان | Bl. 50a

وبهشت ودوزخ رستاخیز تن تسین از تڗاعه آب وحشاعشن

أرور اویکمانم فه اویکه دستوره زراتشت سفنتمان کرفت

۱۰ ام هروسف هُمت وهیڠت وهرورشت هشت ام بهروسف

نُشمت ونُژیڠت ونُژورشت سپاسدارم اج دادار وهه اوزونی که

ایرم نه انیر وه دین م نه اکدین مرد م نه زن یشت کرم نه

درایان وتد فه نام ونیروی اورمزد داد داریم ودین منیم بمنشن

هر روز اینم مه منید اندیشید که امروز چند کرفه کردم وچند،

۱۵ کرفه توام کرد چند وناه کردم چین اج وناه توانم پهریڠت

چه که کرفه کنم بکیتی هما رنج بید فه فرجام نیک اوعه

پیش آئید که بزه کنم بکیتی هما رنج بید فه مینو پادافراه

کران اواید بُردن * اینم مه منید که که که وید که ندانستم | Bl. 51a

سه' عنکرایشنی چه دانایانج کوند که تان کرشنکه

۲۰ بید نان که تشنکه بید آب پس آوارج خوررشنهای خوش

دانید خوردن وانچ دانستن اواید که پدرانج عما هر که

مُرد اند چشم آواده خواسته اوا به بُردن نتوان این چنین

که نه پُرسید اج دین دستوران که بهشت بچه شهد دیدن روان

---

¹ سه ist mit rother Dinte geschrieben.

را بچه شهد بوخن بكدام را به اواید شدن بمنشن چه اواید
كفتن بكنشن چه اواید كردن چو وُث اج كوشن به تفها بید
دوستان مه بید فه انباره خواسته مه فه تندرسته شاد وخرم چه
هودارشنه روان فه كردار فه كیتی كنند پیدا بید كه تن اج
این كالبُد زود بشوقید مژدم وُث خواسته فه كیتی نمانند | ٥
Bl. 52a اكر اج اندوجشن بد اندوخت ایستید اوعه فراخت
روان نرسید مردمان بكرفه كردن تحشا بید چو تان نفرمود
ایزد وناه كردن كار به بیم ایزد كنید هر كه كُنید كار نیك
وراه راست بكردن داريد كه تان بوجشن روان باذ بهر چه
رسید خوش منشن سپاسدار بید وآنچه بخویشتن نشهد ١٠
بهیج كس مكنید اُمید داريد اج دادار اوخشایشنی كر وستا
خوان بید به آنكه شمارا آفرید اُش آسمان بیستون اور داشت
اُش بزمین وشاد وآب سیاه اور زمین ببُرد وآب روشن خوش
اور زمین اور آورد وخررشید وماه بتاوشن روشناعه اوعه عما
داد ومارا بندهای نیك داد پس ما از كه تا اوعه مه روز ١٥
Bl. 53a صد هزار | بار این به آواید اندیشیدن كه چون به نیكه
توانكر هم از دادار اوخشایشنی كر آمرزیدار كه مارا به وُث
چش ارزانی كرد فه چشم وینا فه كوش آشنوا وفه هزوان كویا
فه دست كردا بپای رُباعه داد وهر اندام درُست اوعه عما
داد وامان اوبچه آفرید فه مردمان به سپاسداره كردن فه ٢٠
تخشیداره اند آنه درویش اوعه آن توانكر وُس خواسته نكرند
ناسپاسه كنند فه آن آهوك تن خویش دوزخی كنند بشما بكرفه
كردن تحشا بید طا اورمزد اور شما آمُرزشن بید ایدون كنند كه
رستا خیز بید اور شما آمُرزشن بید مه شما همواره اوعه
Bl. 54a وررزشن خوش نكرید به اوعه كرداره نیك كوشید | فرمان ٢٥
بُردار بید اندر پد وماد چه كه پد وماد فخشنود بید هركز
بهشت نه وینید بجای كرفه بزه بینید به وُث خواسته كوشش
مكنید مهانرا به آرزم ونیك داريد كهانرا بهیج آئینه مه

آزارید اج خویشاوند درویش تنک مدارید داد ونداد اورمزد

دانا بکار دارید چه هر که کار پدش کنید روان بوختیارهٔ

خویش را کنید هر کر براه شوید توشه اوا برید حوارهٔ

خویشیرا به برید عماعج بکیتی توشهٔ مینو اواید بُردن

۵ آواید آراستن که بروان دشوار نه بید پُرسید اشو زراتشت

از اورمزد که کوهی که نجنبید کدام اواده که نه اندازید

وکدارجی که نه زائید ونه میرید که اورمزد پاسح داد که

کوهی که نه جنبید کروثمان اواده | که نه اندازید بهشت   Bl. 55a

چه که نه زائید ونه میرید من که اورمزد هم پُرسید

۱۰ اشو زراتشت از اورمزد که دادار وه افزونی پروردار داشتار

هما کس مردم اندر کیتی کردار چه آتینه اواید کردن من را آگاه

کن که روان را بچه شهد بوختن اورمزد پاسح داد که

سفتمان زراتشت هر چه بکردار کیتی کنید نه مینو اوعه

پذیره آئید بدین هوناست اویبجهٔ مازدیسنان پیدا ایدون

۱۵ بکردم که هیج نیست که به اوستا اندر نیست ترا آگاه کنم

روشنیها وینم ودانم که نخست ونداد روشنه بهشت اینکه

بهشته من اورمزد وامشاسفندان بهشت ودوزخ رستا خیز

تن پسین وشمار نه چینود پُل ویسنه اهریمن دیوان ودروند

زد خروه دوزخی اویکمان بید ودیکر | راده واندوجشن   Bl. 56a

۲۰ راسته سدیکر سپاسداره چهارم بنده منشنه پنجم آنچه

بخویشتن نه شهد بهیج کس مکنید   اشم یک

سپاس اکناره

سپاس اوعه کش سپاس اکناره آواده کرداره آسمان فردام اج

فرمان مهست اج مینویان فرزانیعه هروسفکان داشتار دامان

۲۵ آفریدار استومندان یک نه یک هروستکان چاره خواستاره

اچارکان اورایینیدار کرتتارکان بوجاینیدار هر کس اج بیم

وآستانهٔ کران آیفت خواستاره هم کامان بوجین برازین بُرزین

بومین بهرین اندر هر دو اخونان اُمان اوعه تندرسته
رُبشنه اوعه كان دیر زیوشنه اوعه هیر آواده اوعه نام هُسربه
اوعه روان اشریه ده اُمان هوچشم انجمنو بكُن اُمان بهر

BI. 57a | دل | اوایشنی بكُن اُمان نه هیر توانكری مان بكُن اُمان
نكهدار كوشودار اُفادار فانه وپاسبان باش اج هر عیبه كه ۵
پتیاره اج كنكان وكلفان وارشكنیان كینه وران وود خواهان
نو درایان اوارین كنشنان بِه اندیشان آروند خواهشنان
اشمارشنان بیداد كران مسته كران كه تن هیر ما نه ازارند
روان ما نه مروچینند هیچ وزند وزیان اناكه به اوعه ما
متوان باد كفتن وكردن. ومنیدن آنكش وزند وزیان اناكه ۱۰
اُش كامید -َبودن وتران بتن خویش همیدارند تا بهنكام
مهر فراخ (!) كایود رسیدن ایدون باد ایدون ترج باد اشم یك

II. Handschrift der Bodleyana, Ouseley 125 III. Bl. 123ᵃ.

بنام ایزد بخشاینده‌ٔ بخشایشكر مهربان دادكر
۱۵　　　لُغت‌های روایت دینی می نویسم

باب الف ایزد خدا اختر طالع بود اثورنان كروه دستور
موبدان را كوییند ارتیستاران كروه پادشاه وپهلوان آیما یعنی
مایان[1] واشارت را كوییند ایدین یعنی ایدون آفرینید یعنی
بیافرید آویزه خالص بود اودافزونی وه افزونی اثورنان كاه
یعنی جایكاه دستوری اوا وهان یعنی با بهان اواید یعنی ۲۰
باید اواج باز اشایه اشوئی اشوئی پاكی ایدر اینجا ارویسكاه
جای یزشن كاه آدشك آتش كه برو سوزند بهندی اورا سكری
كوییند اوا[2] كن یعنی باز كن اور یعنی بر ارمیشت زنی كه بچه

---

[1] Wahrscheinlich نمایان
[2] Lies اواج

مُرده زاده باشد عرمیشت ﻢ کویند اشای اشوئی آوادی

آفرینش | وآبادی بود ایار یار بود اسپرده افسُرده

اوشپوش بهندی جوا واشپیش ﻢ کویند اثّی معنی او یعنی

باشد ایرا چه زیرا چه استودان دخمه افسان یعنی افسون

ایران یعنی بهدین انیران جد دین یعنی دروند اور

دین یعنی بر دین ایافت خواستار یعنی حاجت روا شود

اوزدن زدن اروار کوش چپ را کویند اوستای خورد یعنی

اوستای آهسته ایر بهدین انیر یعنی دروند اشو پاک آهو

یعنی خوب اشوتر پاکتر اماهان یعنی آهن اوسفارند یعنی

باو سُپارند استر خاکستر را کویند وخیچهر را کویند ایوبر

زن ریمن[1] ایفیت تندرستی وصحت استغفار یعنی آمرزش خواستن

اسپوزرشیوش دیوی است که باران باریدن ندهد اسنوند

ریوند کوه بود انوشه یعنی همیشه استوانی یعنی بیشکی

استوان بیشک اورنشن کُشتن اودم دوم اوسودش وزایشن

یعنی سود اورا بیفراید ایرنکهن[2] کستی را کویند |

اسپنامینو اسم خدا بود آن نمکین یعنی بسیار لذت درو

می آید اورا می کویند الزّ[3] یعنی بی پایان وبیشمار احسان

خوبی‌ها ایز ایما پدیرفتار باد یعنی ایزد از ما تبول کناد

ایز ایزد را کویند اورمنشنی تکبّری از هر وسنی یعنی از هر

کونه باشد انکهره مینوش یعنی نیست شود آهرمن اواختر

نیمه یعنی سوی اواختر ایوبر ریمن زنی که بچه مُرده زاده

باشد آدراج درج ابراج بُرج انتقام کینه الوان نعمتها وکونه

کونه اورنام یعنی یکانه یعنی دوست اورنام پرنام یکانه وبیکانه

---

[1] ‏ايوبر زنی که فرزند مُرده زاده باشد‎ Am Rande: یعنی ریمن

[2] airyâonhana.

[3] ‏وائر‎ Am Rande:

[4] Ueber der Zeile: یعنی طرفه شمال

اقسمه یعنی قسمت اعتدال برابر اهوش امرك آمرك بی مرك
احتشام بزرکواری اثبات ثابت انسانیه یعنی مردم اوی بیم
بی بیم اوارون بدکار اژدهاك ضحاك تازی را کویند که بر
دوش او صورت اژدها بود اوروند بود یعنی تیز رو اوین آب انکوین
شهد بود آشنوایند یعنی بشنوایند ازش خُدش نام یعنی ۵
از خودی خود پیدا شد اوخشیدار نام خدا یعنی همیشه
بیدار اجناس جنس‌ها ازیر یعنی ـ زیرتر اور ـ بالا Bl. 124b
آشموغ دیو است که در میان مردمان جنك اندازد آز نام
دیو که مردم را حرص زیاده کند موسمد١ یعنی ندهد
موسکو یعنی میزد نه اودین بهدین اکدین دروند استیر ۱۰
چهار درم بود آداراباد نام شهر ری ایموك دوارشنی یك پای
موزه ویکپای برهنه رفتن اوارون دوارشنی پریشان دویدن
اوام وام یعنی قرض اخان کامه بد کامه اُش کفت یعنی اورا
کفت انکوشید یعنی بشنوید آسونشن یعنی شنیدن اُفت
یعنی افتد ایر تن بُادب بودن اوی کناه بی کناه ازش به ۱۵
وزارد یعنی از تو بکذارد ازیر وسترك یعنی زیر بستر بود
آدر کوشید نام مقام آتشکده که نوشیروان عادل بر کوه
ساخته بود اج یعنی از آب تاب یعنی که در دهان آب
کنند وباز بیرون کنند بهندی کلکله کویند٢ ارشك یعنی
حسود اناثی زیان اسپری یعنی آخر سپری ۶م کویند اشم | ۲۰
یعنی اشوئی اشورشت چهد را کویند بهندی کهوهر Bl. 125a
باشد اچار ناچار اضداد ضد آك عیب را کویند ازكهن
کاهل را کویند آستانه مشکل امکن اهرمن را کویند انفسکی
یعنی بد نفسی ارواحك روزكار ودردكان که میکنند انفسکی

بد نفسی یعنی آزار ورنج وتشویش اود نزدیك۱ اود اوزونی

بزرکتر وافزون۱ اود نهال بهندی روپا بود اود بزرکتر اختر

انجمن یعنی جمع انداختار بینا وآگاه کنید را کویند البرز

نام کوه وبمعنی بلند آید آنو آنجا ای یعنی بود ارزانی

۵ بهدین واشو را کویند آسپورزرشیوش نام دیو که اورا سپنج

روس۲ کویند که پدیرهٔ باران می آید وباران را باریدن

ندهد که ضد او آدر واجسته است که اورا برق کویند

آو آب اورزیده یعنی ناکشته زمین اوی کناه بیکناه ازرمان بی

رمانه ابیش بی آزار

۱۰ باب الباء برکه چشمه یعنی تالاب بدود نیك پرورتاران BI. 125b

پروردکان پادار پاسبان بود پیرامن کردبکرد پراهوم

یعنی فراهوم پتیاره زیانکار را کویند پادیاو پاك بید

یعنی باد بوزباد زیادت پهلیم فراخ پنکین یعنی پژیده

پانکی پاسبان بول اراخت پنکجیوه یعنی پنج کهه بنوان

۱۵ یشت یعنی بیان یشت یعنی معنی یشت ونسك رام نام است

بوزند کرداره یعنی بکزند کردن بساوند یعنی بسایند بهندی

کهسی یرد بده پزشکان طبیبادرا کویند پهلیم پهنا وفراخ بلد

یعنی بود بد جهشن بد سرشت پرسید پرهشست یعنی فرهشت

بیله جامهٔ دوتاکه اورا دستوانه ودستانه کویند که در دست

۲۰ پوشند پوره دهن را کویند پوره فرزند دان بود وقتی که

فرزند از شکم مادر جدا شود بر تن فرزند پرده باشد

اورا پوره | وفرزند دان کویند بیاور یعنی بیابان بران BI. 126a

یعنی برون پرود فرود بُرشن بُریدن پرهیزشن پرهیزیدن

پانا نکهبان بی رپا بی نقصان بوختار آمرزکار ورهانیدار

۲۵ بی نیاز بی پروا بی کرانه نام خداست یعنی کناره او پیدا

۱ Von 1—1 steht am Rande.

۲ Ms. سپیج روس vgl. spñjauruska.

نیست بی نماز خیر یعنی دشتان بیم شیر کوسفند ومردم

باشد پرند زیبائی وخوبی بیدان یعنی که ایشان که باشند بیضا

آنتاب وسفید باشد پرنای بیکانه پوپارد بعنی فرو برد پوپا

فرو برد یعنی هوپارد پدوند پیوند پد پدر پوس پسر

5 پیدیح خوشی پراون نیکاکر بار اودم زیوند یعنی بار دوم

زیند پد پای پدم قدم بود پکو موبد را کویند پرامن

کردایکرد پتت هوم یعنی پشیمان شوم پدکار پیکار یعنی جنك

برزیدن یعنی ورزیدن یعنی قبول کردن بوشیاسپ وبوشاسپ

اسم دیوی است که خواب آرد پدموز دیوی است که ناسپاسی

10 آرد پس | دیوی است که او مردم را از کرفه کردن Bl. 126b

باز پس دارد کوید که پس خواهی زیست بیشومند آزردکی

بیشید یعنی آزرده کرد بیشیدن آزرده کردن پیشید یعنی

پوشید بادکیس وببادکیس یعنی ده بله بوختش خلاصی

بود برهنه دوارشنی یعنی بی موزه رفتن بنده منشنی یعنی

15 در خوب کار حریص بودن بیشومند آزارمند پدکار پیکار یعنی

جنك باشد پشام پشم خوان بهشت پرمایند فرمایند بیل

هوشت یعنی پرسش پیدام پیغام بود پدوند پیوند پیسی

وپیستی مردی باشد که هما اندام سفید باشد بهندی

کهرری کویند باج کیر سلامی کیر باشد باج کیر باژ کیرنده

20 باشد بم یعنی باشم بلرد یعنی به بیوند پرمینو خاکستر

را کویند پیم کاو یعنی شیر کاو بلاغ نام کوه است که نوشیروان

بر او آتشکاه ساخته بود پتیتی مرغ چهد را کویند واشورزشت

م کویند پتت هوم یعنی پشیمان شوم برهنیده است

بیکمان رسد یعنی که هر چه نوشته است بیکمان رسد |

25 پیری بهدینی یعنی پوریودکیشی پونی خانه یعنی دشتان Bl. 127a

خانه پونی دشتان یعنی حیض پیرسته یعنی همیشه بیاشواند

برنجاند بیبور ده هزار بود پاد پاسبان ونکهبان پادشاه یعنی

نکهبان بزرك وجهانبان کویند پوز روی پشبز چهارم حصه

4

از دانك پكو موبد پكوی موبد بیور ده هزار بوم زمین

برخنه برهنه بزه بدله کناه بهود بود وهست نیز بنمه خرمن

برکست مباد

باب التا توره شغال را کویند ترجمه یعنی شرح ته زیر بود

5 تقدیم پیش دستی بود تحویل از جایها باز کردانیدن تحجید

تعریف تقدیس پاکی یاد کردن تحت یعنی زیر توامان

فرزندی که از مادر بزاید دو فرزند همراه بر می آید اورا

کویند تومان یعنی تومن که سی ودو روبیه را یك تومن

باشد ترمنشنی بد منشنی بود ترمنشنی یعنی بزبان خود

10 وصف وتعریف خود کند ترودیتی یعنی شکستم وخوار داشتم

تند ده بود یعنی عشر تان یعنی شما تلوغ یعنی تعلق

تخشا پیمان باش یعنی هر قول که کنی باکوشش دار ترمنشنی

تکبری وغروری وبدکاری تو یعنی تب توبانی یعنی توجشن

تاود یعنی تابد تاش صاحب را کویند جسفان غلط یعنی

15 نادرست ترس ستودان سروش که برای مردکان یزند تنوزه

آوازه ترودیتی انکهره منیوش یعنی شکستم وخوار داشتم ا

نیست شود آهرمن را تلاق باز کشت وتلف کردن

یعنی ناچیز کردن تاش ژیج یعنی خداوند نجوم یعنی ستاره

شمر تیرکر رودی را کویند که حق تعالی در میان جهان

20 رود تیرکر را آفریده است ونیز کوه تیرکر که در میان جهان

است تیرست سال یعنی سیصد سال تیرست استیر یعنی

سیصد استیر تناول کناه تنافور تنافور کناه سیصد استیر

باشد هر استیر چهار درم سنك

باب الجیم چاشیداران قبول کنندکان جوم دان یعنی جیرام

25 دان جل جهل بهندی باشد که بهانی یا بر سرکسپی

اندازند چهوه جانرور است که بکناره آب می ماند بهندوی

چکره جزو بعنی حصه جیده نام کتابست یا دیرجید م

کویند جردکرد نام کتاب است چغد بهندی کهوهر باشد که در جنکل می ماند اورا بدفال کویند چرکن یعنی نم نسا جومه یعنی جامه جزایر یعنی جزیرهها چغد اشوزشت بود جناب طرف جسد یعنی جُسه[1] یعنی تن بود چهمرز روسپی کری چِش یعنی چه اش چر وهوچشم باش یعنی نیك نظر باش چنوه یعنی چه نوع جدشهریان جدا شهریان، چشم سوری چشم حسودکی چار چاره چاشی آزمودن جسفان غلط[2] یعنی نادُرست

Bl. 129a باب الحا حیض یعنی دشتان جومت یعنی جامت حسام تیغ را کویند حزین پریشان حله زیور باشد حدرمند یعنی هدرمند یعنی هیهر حربه حیض[3] یعنی دشتان یعنی بی نمازی بود ودیکر پونی کویند

Bl. 129b باب الخا خشنایشن یعنی شکر وسپاس خرهمند نورمند خوی فرارون حصلت نیك وپاك خرم آتش یعنی خوردنی که بر آتش برای بزیدن نهند جوش بالا می آید بهندوی اوبهان کویند خواسا یعنی خصوصًا خیم نیك کارخراستر نیشتر یعنی خرستر کزنده خاور خالق یعنی آفریننده خُرهمند نورمند خُرهناك نورمند یعنی خداوند نور خالق آفریننده خط کش که کِردبکِردی می کشند خُورده اوستا یعنی جزوی جزوی اوستا یعنی چیزی نیایش ویشت وآفرینکان ونکاه وچیزی که اندك اوستا باشد اورا خورده اوستا کویند خیم خوی فرارون یعنی حصلت نیك خوب شیار اراخت را کویند خیدیودت با خویشان وصلت کردن خیتودت هم کویند

---

[1] Wahrscheinlich für جُثّة

[2] Ms. غلت

[3] Ms. خیز

خوره ۱ افزار یعنی راستی وهمت است یعنی نیك اندیشه

خُره عظمت وزیبائی باشد خاره زن را کویند | ختم تمام

خشنوترهَ اهرمزدا معنی اینست بزرك داشتم اورمزد را

باب الدال دین اسفناركان یعنی دین مازدیسنی دوشارم

۵ عزیز بود دوتوی یعنی دوتا درجه مرتبه دادستان حکم

وجواب باشد دندان فریش خلال بود که دندان صاف

کنند درایان بی باژ خوردن دراید کوید دیو یازش بید ا

یعنی دیو زور آور باشد دام خلق درنجش راست راه وراست

سخن وراست كفتن معنی اینست دُش آكاه یعنی بدی داند

۱۰ ونیکی نداند درووآص ودواصروبه ۲ کوش ایزد را کویند دُخت

دختر بود داخل یعنی آمیخته دیو یازش بید یعنی دیو

قوتمند باشد دشمت بد نیت یعنی بد اندیشه دژهوخت

بد کفتار دژهورشت بد کردار درغ دراز باشد درغوشان یعنی

درویشان دوبارند یعنی دوارند یعنی به دوند دیر نام دیو

۱۵ است که مردم را از کرفه کردن باز دارد کوید که کرفه مکن

دیر خواهی زیست دیویاز هر که بنام دیر خرج کند

ونهرنك بنام او آمرزد بهندی اورا منتر جنتر کوبند ازو

دیو زور آور باشد درایان خورشنی بی باژ خوردن دادستان

انصاف درایان شکسته درغوبیو درویشان باشد دهشن

۲۰ دادن دهیودان دهوبدان دخش خاصیت دخشه | ریم

وچرك نسا دِكر دو یعنی اثنا درایند یعنی کویند دواسروبه

کوش ایزد را کویند درایان خورشنی بی باژ خوردن درایان

جویشنی یعنی باژ کیرد ولب کشاده سخن کوید یعنی نیم باژ

کویند دِژم روی یعنی غمکین وتُرش روی دشتانستان دشتان

۲۵ خانه را کویند که اورا پونی خانه کویند

---

¹ Oder خواه

² ودواصروبه ist am Rande nachgetragen.

باب الذال ذخیره رخت واسباب بود

باب الرا ریومند رای‌مند ونررمند باشد روبانیداران روا Bl. 131b

کنندکان رایمند رای زن رازق رزق دهنده روسپی بارکی با

بار کش¹ زنا کردن روسپی بهندی چهنالی یعنی با زن دیکر

کسان خفتن رضای خدا یعنی خشنودی خدا رسته پاره

شده ریمن پلید و ناپاک روبشن رفتن باشد رسشن یعنی ⁵

نشستن

باب الزا زیوان زیستن زود یعنی زوتی که بر یزشن کاه می Bl. 132a

نشیند زانی زنا کننده یعنی فساد کننده زه بر زه یعنی

پُشت بر پُشت زسفان یعنی غلط ناذُرست جسفان م کویند

زایل دور بود زمره کروه زوستار سال را کویند زد کینست² 10

وانید باد یعنی زد شکست وناپیدا باد زیج رمل را کویند

زیج م کویند زاد مرک نسا خانه را کویند زفر دهان

یعنی روی

باب السین سُکره پیاله وبرته ساجشنها یعنی سازشها سه Bl. 132b

کانه یعنی سه کونه بود ستودان دخمه بود سترده تراشیده 15

سلب خویشاوند سُراده یعنی درون دخمه که جاهی باشد

آنرا کویند استوه نام خداست که یعنی ستوده نشود سیقر

بهندی آنرا سیسول خوانند که بر تن خار ودو پا دارد

مانند خروس است اورا موش دوپا کویند ستل آهن یعنی

چجه پر آهن ستومی یعنی شمارا ستایم سطح بام سموات 20

سما یعنی آسمان سعتر زن که با زن فساد کنند سماک

ماهی که در زیر زمین است سمك م کویند سرشکی باران

یعنی قطرهٔ باران ستوی آفرینش سر هزاره آخر هزاره سپنج

روس نام دیو است که اورا اسپوزرشیوش کویند وقتی که

¹ Vermuthlich بارکی

² Lies کسست

فرزند زايد براى دُزديدن عقل او مى آيد وفرزند را سهم

نمايد وعقل بدزدد وكه باران باريدن ندهد سپرك چوغل

Bl. 133a چغل سپزكى چغلى ا سيح كاروان يعنى از شهر خود خريد

كردن وبشهر ديكر بردن وفروختن آبادان كردن وسوداكرى

⁵كردن سترد بيهوش سيكى تخن نرم آوازرا كويند سيكى نرم

سيوا هيزوان شيرين زبان تخره يعنى كار افسون سرايد يعنى

كويد وآخر آيد معنى اينست سنك ارويس سنك ايزشن كاه

كه آلات يرشن برو نهند سپرز جكر باشد تخر وطين ريشخندى

باشد سپاهود سپاه سالار بود ستار چهارتا يعنى درون

¹⁰چهار تا شب سيوم كه براى مُردكان بعد از وفات او در

شب سيوم بچهار باژ جامهٔ اشوداد را كه هيربُد مى يزد سرى

آخر واسرى كويند

باب الشين¹   شش پنچه آن باشد كه جايى آورده است كه

Bl. 133b خلق خدا مانند شش پنچه اند كه در يك سال خدا

¹⁵تعالى همه خلق پيدا كرد كه در يك سال شش كهنبار بود

پنج پنج روز در پنجه يعنى پنج در شش پنجه اول آسمان

۲ وآب ۳ وزمين ۴ واورور ٥ كوسفند ٦ مردم پيدا كرد شش

پنجه يعنى پنج پنج روز را شش كهنبار¹ شقافتن كوفتن

وشكافتن م كويند شيبش صدره او شيب كستى صدره باشد

²⁰شيونم يعنى زير پاى شهيد شايد شريف بزرك باشد شبه

همتا شيركاهان زيركاهان كه مى روند بهندى كهاندهيا كويند

شنايش يعنى شناسيدن شهيد تراست يعنى شاهد تراست

يعنى كواه شاع نور بود شايندار يعنى شايسنه شاستار

زبانكار شهيد بيد شكاك شك كننده آورده باشد اورا كويند

²⁵شير يعنى شيب يعنى زير شمت جامهٔ پشمين شتر نطفهٔ

آب منى را كويند

---

¹ Von 1—1 steht am Rande.

باب الصاد صبغ گفتار خرستر است محن آوند جنس
باشد اورا گویند صانع صانع صنعت کننده وصنع وصنعت حکمت
صلاح پارسا صالح نیک کننده

باب الضاد ضیاع بسیار وبیشمار

باب الطا طناق طنابی یعنی ریسمان طبع منش طارم بام برد ٥
باب الظا ظن کمان را گویند

باب العین عقاب عذاب بود عنا زیان معجزات عقل طبعی
یعنی عقل چندانکه بیاموزد میداند عقل اکتسابی یعنی
عقل مادر زاد

باب الغین غمزه غمازی وناز غمازی جعلی بود غیور یعنی ١٠
بسیار رشک برنده

باب الفا فراج پیش ونزدیک فادیاو پادیاو یعنی پاک فنام
پنام که بوقت خواندن برُخ می بندند فیرونند یعنی پیوند
اند فردوم اول باشد فخت یعنی پخت فختن پختن فم
دهان باشد فیوند پیوند فیدا پیدا فتت پتت فروش ١٥
اردافروش که می یزند فروشین اردافروش فرا کیرم شما یعنی
پیش کیرم شما فراغ ظهوری فالوده فالوده یعنی پرورده
فضل افزونی فراج کیود مهر.ایزد را گویند فراج کایود مهر
ایزد باشد فاعل یعنی فعل کننده فضله فاضل یعنی زیادت
فرمانی کناه هشت استیر درم سنک کناه ٢٠

باب القاف قادر توانا بود قبل بعد قتال قتل کننده قران
وقیران پیوستن دو ستاره که بیک برجی می آیند گویند که
قیران شده است قالب کالبد

باب الکاف کنشن کردن کیرشنی یعنی کرفتن کربجه کره
کُش یعنی که اش کودال معاك بود کنکاسچید بهندی کینا ٢٥
کُم کام یعنی مقصود بود کمشمان کِشت زار.کشوان کشت زار

کرنه کر کرنه کننده کیهان جهان کنامینو آهرمن کس که

یعنی خورد کامیج کمیز کاو کاومیج کمیز کاو مهر درج قول

شکستن نام دیو صید مهر ایزد است قول بشکند کنجه آتش

یعنی آتش دان کاسانی امشاسفندان را گویند وپنج

Bl. 136a
کهه فروردیان ا را گویند یعنی بجایکاه می آید گرند ۵

یعنی کوبد کسروب کیخسرو را گویند کاویوداد کاو که

با کیومرد در جهان آمده بود کلسیا فرنکی را گویند کربا

کرنه کربه کرنه کمیخت یعنی آمیخت وآلوده کشاده دوارشنی

بی کستی رفتن کوسالّه بچه کاوان کوآده بچه اُشتر کوشن

یعنی کفتن کشان یعنی که ایشان کوشت پریان نام دستوری ۱۰

که با اخد جادو جواب وسوال کرده بود کوشت پریان دستور

اخد جادو را کشت کروند قبول کنند کر کوه کهرپیم یعنی

کرنه کرمها یعنی کامها یعنی مقصودها کرد معی کر یعنی

که او کارکرا جامت بود کیتوفرید کاف فارسی تا سه روز که

بر مُردکان سه سروش می یزند آن را کیتوفرید کویند ۱۵

کاسانی پنج کهه یعنی کاتا کاتا در زند زبان کویند وکاسانی

در زبان پهلوی منکویند کاوین مُهر زنان که در نکاح

خوانند کو شِکنم یعنی که اُو شِکسته کنم کرند یعنی زیان

کزیر یعنی قبول کن

Bl. 136b
باب اللام لرد پیوند لاینه بُت هندوان است لوح مینا ۲۰

آسمان یعنی تختی کاج لالا یعنی آلا لون رنك لوطی غلام

باره بود یعنی بچه باز

باب المیم مرواه مُراد مشربه سبو را کویند مانتره پرسیدار

زبان وستا که دادار اورمزد بمینو مهرسفند سپرده است

زبان اوستا در دنیا نیست مکر که زرتشت آورد میاه آب ۲۵

ملح نمك باشد مدخل داخل مورووان مرغان مروبجکان مرغان

مهال هول يعنى ترس مرزبوق رزق مِعَ بزرك متاخران يعنى
آمورزندكان منيده يعنى انديشه كرد موش دوپا سيقر كه
بهندى سيسول كويند در صحرا | مى ماند بر تن خار دارد BL 137a
نسا باشد مهر درج ديوى است فِد مهر ايزد است كه بر
قول شكستن است موبد دانا مزديسنان مزداور مزديسنان ٥
يعنى دين يعنى دين اورمزد كه اورمز خود در دين است
مستحق يعنى واجب حق مرجب واجب وسبب مصبوغى
يعنى رنك كرده شد معتمد اعتبارى مرام مُراد منترِكَه ترك
كردن مبيّن ظاهر معتقدند يعنى باعتقاد اند مستفعل يعنى
فعل كننده مشروح شرح دادن مس مى يعنى شراب مُربى.صاحب ١٠
مينم يعنى انديشم مقر قرار آوردن ميدوخت مرد يعنى بد
خواه وديوانه مرد وپاوان ابله وبيابان را كويند مورز يعنى

تبول نه كن مانش مقام مَع جاى را كويند مَر مومياثى را
كويند متساوى برابر مرغوزن صلى كه نوشيروان بر كوه
ساخته بود مستكبرى روز آورى لوطى غلام باره بود منازعت ١٥
جنك وجدل ماهمان موكل | مداواً دعوى باشد منتهم BL 137b
يعنى ————— ¹ مفعول فعل كناننده مرجش مكس را كويند
باب النون نرم نسك آهسته نسك خواندن نابر خوب كه
هيربُدان كيرند نابر زيوان يعنى هميشه با خوب ماندن
نكرشن يعنى نكرِبِستن نيوشنيدارى شنيدن نهشن يعنى ٢٠
نهادن نسومند نسامند نشهيد نشايد زنى كه كودك
مُردك زاده باشد يعنى ارميش نُكبت زيان ورنج | نيرنجات Bl. 138a
علمى است كه ازو افسون بياموزند نخياهود تار ريسمان
باشد نجات خلاصى ناى بتر نام ديو است فِد رام ايزد
كه بقصد جان مردم مى ايد نسك ونسِح يعنى نسخه ٢٥

---

¹ Die Erklärung fehlt.

نجوم ثوابت ستاره ثابت نمستی یعنی نماز تر مرد ناری زن

نظم نم را کویند نسش نام دیو است ضد سروش ایزد است

وقتی که مردمی کذشت بر تن او نشیند اورا ریمن کند

نیاز نام دیو است که او بر مال مردمان چاره سازی کند

۵ وبرای یك درم سر برادر خود ببُرد ومهربانی نکند وبفائده

یکدرم خود کسی را صد درم را زیان کند وبر چشم مردمان

حقیر می نماید ناخان یعنی ناخن نظم نشان باشد ناودا

نام رود است نسپاس ناسپاس باشد نی نه کرنجه چوب نه کره که

هیربُدان باو برشنوم دهند نهود نهفتد یعنی نهد ونهان

۱۰ کند نائی به رام ایزد را کویند نجاح روائی حاجت وپیروزی

ناوِدانام رود است بسیار عمیق است همیشه پر باشد | نزار

کنم یعنی لاغر وهلاك کنم نیم خورده پس خورده

باب الواو واستریوشان کروه برزیکران وهان بهان وینش

نکریستن بود واج باز که بوقت طعام می کیرند ویچست

۱۵ کرده اوستاورزند را کویند ور آدران یعنی خاکستر آتش بهرام

واجه یك سخن وستا بهندی پت وآ یعنی ماز وجر جواب

واهمان یعنی فلان وهمان یعنی فلان وهوپنج یعنی پنج که

ویم بیم وزند کزند ویشتر بیشتر ویدا ناپیدا باشد ویش

بیش واران باران وزارد یعنی کذارد ویژه خالص وزرد | یعنی

۲۰ قبول کند وردید دو معنی دارد زد شکست وجدا کشت وید

نابینا بود وداخت یعنی کُداخت ولومند یعنی مستوجب

عقوبت ووس بسیار ورج نیرو تیز وانیداران ناپیدا کنندکان

ورزم کنم وخشور پیغمبر را کویند ویری هشیاری وپاوان

بیابان ونادان بود وسنی کونه وجر کوشن حکم کنندکان

۲۵ وستر خامه را کویند وری بچه میش را کویند وام قرض²

¹ Ms. مستَجِب

² Ms. کرض

ریاوان ابله وسترک جامه وشوفت یعنی آشوفته وزارم یعنی

کذارم ویمارش بیمارش وینشسن دیدن وزرک بزرک وینند بیند

وانک بانک وداختن کُداختن وداخت یعنی کُداخت وترّه

بتر بود ویراستن آراستن ورن دیوی است که او شهوت

غالب کند وردینبید جدا ودور کرد وناه یعنی کناه وجارش ۵

یعنی کذارش واینوم ویدا سازد یعنی ناپیدا کنم وشودکان

یعنی خراب کنندکان وشود یعنی پیدا کرد

Bl. 139b باب الها[1] هما یعنی تمام هیو نیک هیار یار هوتخشان

کروه هنرمندان باشد هاون هاونیم که آلات یزشن کاه است

هیم نیک کار هیزوان زبان هیم هوم را کویند هوم پالاهوم ۱۰

پیاله را کویند وهیم بیاله مم کویند هیم درون هوم درون

بود هلار صنج کردن هوشت وهوست شاکرد یعنی مُرید را

کویند هاوستان مُریدان هِل بکذار هِل یعنی بکذارد

هزنکهرم هزار هیخری هی هر باشد یعنی نساى زنده هیخرکرای

هی هرها هماوند بیمثل عبانه نکهبان هوا حرص ونام زن ۱۵

زرتشت پیغمبر بود هستان یعنی که ایشان اکنون هستند

هیات وهیت یعنی علم هندسه هوزومند زورمند هِشتن

Bl. 140a کداشتن | همستار یعنی زد شکست کننده همت نیت نیک

هوخت کفتار نیکو هوررشت هوررشت کردار نیکو هو هیم نیک کار وحلیم

هور موافقت بود هر وسنى هر کوته هخیىٔ یعنی همیشه ۲۰

هخشیىٔ مم کویند هیشم نام دیو است که او مغروری میکند

هند یعنی هستند هبوب نام پدر جاماسپ است هورم

یعنی خوش وخرم هوچشم نیک نظر هوا باد را کویند وزن

زرتشت پیغمبر را کویند وهوا که در میان آسمان وزمین

است هوپارد پوپارد یعنی بزیر کلو فرو برد هورمیه خداوند ۲۵

نیک رمه را کویند

---

[1] Der Anfang des باب الها findet sich auch auf Bl. 137b zwischen Cap.
m und n, ist aber wieder ausgestrichen.

باب اليا يوزداثره پاك را كويند يوزداثرهكرى يعنى كار

پاكى يزبام يعنى يزم يزم يعنى بزرك وكرامى دارم يوزداثرهنيداران

يعنى پاكان وپاكى كنندكان يزشن ستايش وسپاس كنم اوى

خداى بزرك را يات كناه صد وهشتاد استير درم سنك كناه

٥ باشد يزميدى يعنى يزم يزم يعنى ياد كنم وبزرك وكرامى دارم

تمت تمام شد اين فرهنك روايت دينى بروز باد بماه خورداد

سنه ١٠٢٣ هزار بيست وسه يزدجردى نويسنده هيربد زاده

هيربد منوجهر ابن دستور برزو ابن قوام الدين ابن

كيقباد ابن هرمزيار لقب سنجانا هر كه خواند نويسنده

١٠ را دعا وآفرين برساند واز من بر او دعا وآفرين وانوشه

روانى باد